编　委　会

主　　编：陈丹生

副 主 编：杨伟民　　曾程忠　　陈立宣

　　　　　林洪城　　庄哲煌　　马瑞君

参编人员：庄洁萱　　杨肖燕　　林浩冰　　唐为萍

　　　　　杨胜远　　张福平　　詹嘉红

低成本、简单化的中学生物学实验指导

DI CHENGBEN JIANDANHUA DE
ZHONGXUE SHENGWUXUE SHIYAN ZHIDAO

陈丹生 主编

暨南大学出版社
JINAN UNIVERSITY PRESS

中国·广州

图书在版编目（CIP）数据

低成本、简单化的中学生物学实验指导/陈丹生主编．—广州：暨南大学出版
社，2014.5
ISBN 978 - 7 - 5668 - 0975 - 9

I.①低…　II.①陈…　III.①生物课—实验—中学—教学参考资料　IV.①G634.913

中国版本图书馆 CIP 数据核字(2014)第 055051 号

出版发行：暨南大学出版社

地　　址：中国广州暨南大学
电　　话：总编室（8620）85221601
　　　　　营销部（8620）85225284　85228291　85228292（邮购）
传　　真：(8620) 85221583（办公室）　　85223774（营销部）
邮　　编：510630
网　　址：http：//www．jnupress．com　http：//press．jnu．edu．cn

排　　版：广州市天河星辰文化发展部照排中心
印　　刷：湛江日报社印刷厂

开　　本：787mm×960mm　1/16
印　　张：8.75
字　　数：172 千
版　　次：2014 年 5 月第 1 版
印　　次：2014 年 5 月第 1 次

定　　价：18.00 元

前　言

　　生物学是一门实验科学，观察和实验是学习生物科学的基本方法。新课程标准将实验教学提到了前所未有的高度，日前出版的各类中学生物教材都有相当数量的实验活动。从实验活动内容中可以看到，无论是验证性实验、探究性实验还是课外活动，都是与课堂教学内容密切配合的。从一定意义上说，实验教学的成败决定着生物教学课程目标能否实现。但是，由于多数中学，特别是一些偏远地区的中学，受经费、场地等条件的限制，很难完全按教材所编写的实验步骤完成生物实验。因此，编写一本适合这类中学实际条件的低成本、简单化的实验指导书是十分必要的。

　　2010 年我们承担了国家第六批特色专业的建设项目，在项目经费的支持下，本着实验成本低廉、简便快捷、效果稳定的原则，组织人力针对中学部分生物实验内容，从实验设计、选材、用具、药品等方面进行反复筛选，最终编写了这本《低成本、简单化的中学生物学实验指导》，以期能在中学开设出更多的生物实验，对培养中学生的科学素养和生物学的兴趣有所帮助。

马瑞君

2014 年 1 月 12 日

目 录
CONTENTS

高中生物学实验

初中生物学实验

实验一 练习使用显微镜

一》目的要求

1. 认识普通显微镜主要构件的名称和用途。
2. 练习使用显微镜，学会规范的操作方法。
3. 尝试使用低倍镜观察生物玻片标本。

二》原理

绝大多数细胞非常微小，观察时经常需要使用显微镜。通过学习使用显微镜，我们可以认识显微镜的组成，掌握使用它的操作规范和方法。

三》教学内容

显微镜的结构与功能。

四》材料和用品

显微镜、写有各种字母的玻片若干个、擦镜纸、纱布。

五》步骤

1. 认识显微镜的结构。
2. 练习使用显微镜。

（1）取镜与安放：用右手握住镜臂，左手托住镜座；把显微镜放在实验台上，略偏左 5cm 处；从镜箱中取出目镜和物镜，分别安装在镜筒和转换器上。

（2）对光：首先，调整好转换器、物镜和遮光器；其次，侧目，转动反光镜面向着光源，直至通过反光镜面可以清晰地看到物镜的镜头；再次，用左眼朝目镜

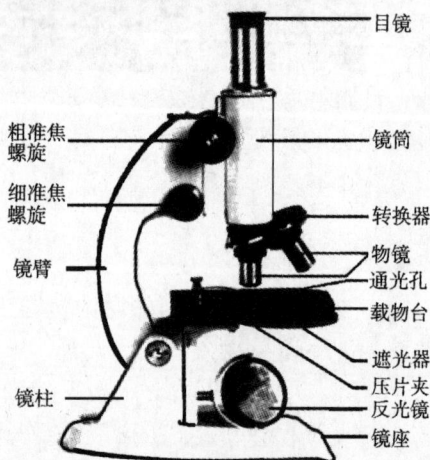

图 1-1　普通光学显微镜

里看，就可看到一个明亮的视野。

（3）放置标本及观察。

①压标本：把写有字母的玻片标本放在载物台上，用压片夹压住，标本要正对着通光孔的中心。

②降镜筒：从侧面注视物镜，转动粗准焦螺旋，使镜筒缓缓下降，直到物镜接近玻片标本 2~3mm 为止（眼睛看着物镜，以免物镜碰到玻片标本）。

③升镜筒：左眼向目镜里看，同时反方向转动粗准焦螺旋，使镜筒缓缓上升，直到看清物像为止。

④细调：再略微转动细准焦螺旋，使看到的物像更加清晰。尝试通过移动玻片的位置，将字母移到视野中央。

（4）收放：观察完毕，先提升镜筒，取下玻片标本。用纱布将显微镜外表擦拭干净。转动转换器，使两个物镜伸向前方，将镜筒缓慢降至最低处，然后将反光镜放在直立的位置，最后将显微镜放回原处。

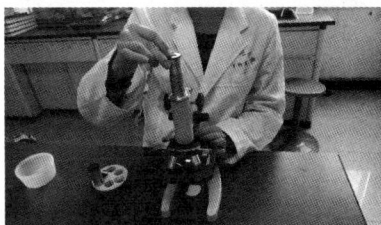

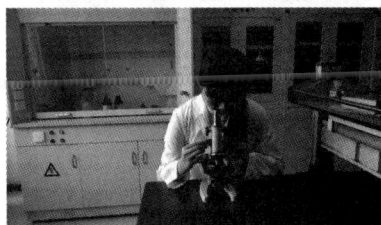

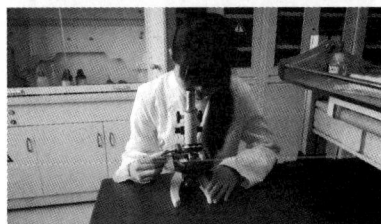

六 结果与分析

通过练习使用显微镜，我们发现规范的操作顺序是：取镜和安放，对光，放置标本和观察，收放。

七 问题与讨论

1. 显微镜操作使用的几个步骤中，要注意的事项是什么？

答案：取镜和安放时，要平稳、轻放；对光时，要确定转换器上的物镜、遮光器的光圈和目镜在同一条线上，特别是转换器上的物镜，一定要卡到位；

图 1-2　显微镜的使用

放置标本时要将观察的物像对准通光孔中央；观察时，不一定要连续升镜筒，可在一定范围内使镜筒缓缓上升或下降，但总体上是上升的，直到看到物像为止。

2. 同学们知道，显微镜是一种较昂贵的仪器，那我们应该如何保护它？

答案：要小心轻放，大胆使用，不弄脏镜头和载物台，不要随意拆下镜头。

八 创意自评

1. 问题分析。

使用显微镜首先要"对光"，对于刚刚进入中学的初一新生来说，动手能力和动作的协调性都很差。绝大部分的学生很难用左眼朝目镜里看的同时睁着右眼，更谈不上一边用左眼朝目镜里注视，一边用手把反光镜转向光源直至从目镜里看到一个明亮的圆形视野，这大大地影响了实验的进度。而且要学生理解从目镜内看到的物像是倒像，也有一定的难度，课本上介绍的写有"上"字的玻片标本看起来有点单一。

2. 解决方法。

我们对教材中"对光"操作作了分解。首先，调整好转换器、物镜、遮光器。其次，侧目，转动反光镜使镜面向着光源直至通过反光镜面清晰地看到物镜的镜头。再次，用左眼朝目镜里看，就可看到一个明亮的圆形视野。对"对光"操作过程的分解，使操作的难度下降，符合初中学生的生理特点，因而学生能够迅速地掌握"对光"的方法，从而加快了实验的进度。另外，可将剪取的单个英文字母贴在载玻片上，再用透明胶布把字母固定在载玻片上。实验时，每组发几个不同字母装片，让学生观察，然后由小组汇报自己组所观察的字母在显微镜里所成的像。这样不但节省了学生制片的时间，而且避免了多个组观察同一字母的现象，既让学生很好地练习了显微镜的使用，又让学生明白了显微镜里所成的像是放大的倒像，使教学顺利进行，教学效果很好。

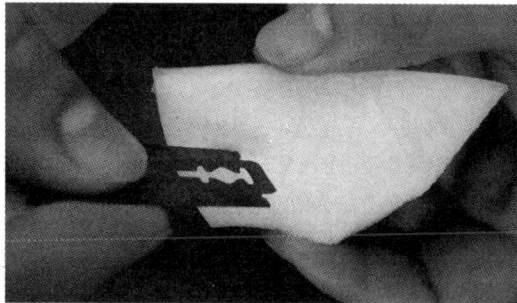

实验二 观察植物细胞

一 目的要求

1. 制作植物细胞的临时装片。
2. 用显微镜观察植物细胞的形态与结构。
3. 练习绘制植物细胞结构图。

二 原理

把需要观察的植物材料制成薄而透明的玻片标本，可以观察到它的细胞结构，通过比较不同的植物细胞，了解植物细胞的基本结构。

三 教学内容

显微镜的使用方法和切片的方法。

四 材料和用品

洋葱鳞片叶、凉开水、稀碘液（在 4~5 滴清水中加 1 滴碘液）、显微镜、滴管、载玻片、盖玻片、镊子、刀片、纱布、吸水纸。

五 步骤

1. 用干净的纱布把载玻片和盖玻片擦拭干净。

2. 用滴管在载玻片的中央滴一滴凉开水，再滴一滴稀碘液。

3. 用刀片在内表皮划取一块边长约 0.5cm × 0.5cm 的小方块，然后用镊子夹取小方块的一角轻轻撕取，再把小方块内表皮展平在载玻片上的清水中，并用镊子尖轻轻地将内表皮压几下，排除内表皮气泡。

4. 用镊子夹起盖玻片，使它的一边先接触载玻片上的水滴，然后缓缓地放下，盖在要观察的材料上。

5. 用吸水纸吸去溢出的、多余的染色剂，然后在低倍镜下仔细观察，辨别细胞内被染成棕色的结构。

六〉结果与分析

实验结果：在显微镜下，可观察到形状规则的洋葱细胞，呈棕色结构。

结论：植物细胞一般都具有细胞壁、液泡、细胞质和细胞核的结构。

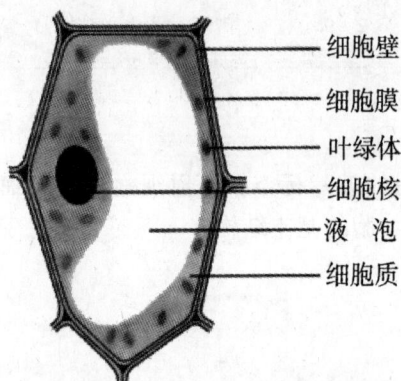

细胞壁
细胞膜
叶绿体
细胞核
液　泡
细胞质

图 2-1　植物细胞模式图　　　图 2-2　洋葱鳞片叶内表皮细胞

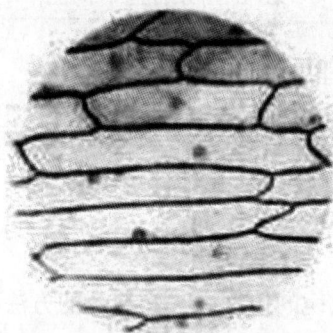

七〉问题与讨论

1. 制作临时装片，盖上盖玻片时一定要注意将盖玻片一边先接触液滴，然后轻轻放下，原因是什么？

答案：减少气泡的出现。

2. 如何辨别植物各部分的结构？练习绘制细胞结构简图。

答案：细胞中颜色最深的是细胞核，而细胞壁与细胞膜紧贴在一起，之间的就是细胞质。

3. 制作临时装片时，在载玻片的中央滴清水的作用是什么？

答案：使细胞展开，同时能保持细胞的活性。

八 创意自评

1. 问题分析。

第一，学生在制作临时装片时，按教材上的操作方法，往往撕取的洋葱鳞片叶内表皮过大，在盖上盖玻片后，有部分内表皮在盖玻片以外，使得视野中容易出现气泡；第二，撕下的洋葱鳞片叶内表皮容易卷曲，不易在载玻片上展平，视野中看到的细胞有重叠；第三，染色剂配制不合理导致染色的效果不佳，甚至看不到细胞核。

2. 解决方法。

在撕取洋葱鳞片叶内表皮前，先用刀片在内表皮划取一块边长约 0.5cm × 0.5cm 的小方块，然后用镊子夹取小方块的一角轻轻撕取，再把内表皮展平放到载玻片上的清水滴中，并用镊子尖轻轻地把内表皮压几下，排除内表皮下的气泡。建议载玻片上的水滴最好用凉开水，实践证明凉开水在盖上盖玻片时，不容易出现气泡。关于染色剂，用稀释的碘液（在 4~5 滴水里加 1 滴碘液）染色效果较好。关于染色方法，建议可先在载玻片上的水滴中加 1 滴稀释的碘液，然后放进洋葱内表皮，再盖上盖玻片，吸去溢出的、多余的染色剂。实践证明染色效果非常好。

实验三 观察人的口腔上皮细胞

一、目的要求

1. 认识人体细胞的基本结构。
2. 练习制作临时装片和使用显微镜。
3. 画一个口腔上皮细胞图。

二、原理

1. 稀碘液能将人体细胞染色，便于观察。
2. 生理盐水（0.9% 的 NaCl 溶液）与人体细胞的浓度一样，可以维持细胞的形态。

三、教学内容

显微镜的使用；动物细胞的结构（包括细胞膜、细胞质和细胞核）。

四、材料和用品

显微镜、载玻片、盖玻片、镊子、消毒牙签、烧杯、吸管、生理盐水（0.9% 的 NaCl 溶液）、稀碘液（0.4% 的碘酒溶液）、吸水纸。

五、步骤

（一）制作人的口腔上皮细胞的临时装片过程

1. 在洁净的载玻片中央，滴一滴生理盐水。
2. 用凉开水漱口后，把消毒牙签的尖头轻轻咬几下，使它变得柔软，像一把缩小的小刷子，然后在漱净的口腔侧壁上轻轻地刮几下。
3. 把牙签上附有碎屑的一端放在载玻片上的生理盐水滴中涂抹几下。
4. 用镊子夹起洁净的盖玻片，将它的边先接触载玻片上的生理盐水滴，然后轻轻地盖在水滴上。
5. 在盖玻片的一侧加稀碘液，用吸水纸从盖玻片的另一侧吸引，使染液浸润到标本的全部。

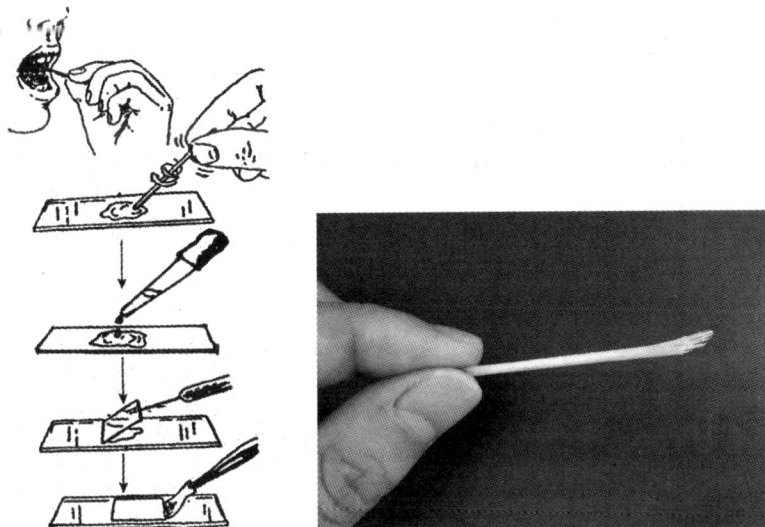

图 3 – 1 口腔上皮临时制片方法

（二）用显微镜观察人的口腔上皮细胞

步骤 1～3 同实验一中显微镜的使用。

4. 高倍显微镜的使用。

（1）在低倍镜下将物像调到最清晰，将所要放大的部位移至视野的中央。

（2）转动转换器，换高倍物镜。

（3）调整反光镜和光圈，使视野亮度适宜。

（4）用细准焦螺旋调动镜筒，直到看清物像为止。

六 结果与分析

实验结果：依照所观察到的细胞，画一个口腔上皮细胞图，并且写出各部分的名称。

结论：人的口腔上皮细胞即动物细胞，只有细胞膜、细胞质和细胞核的结构。

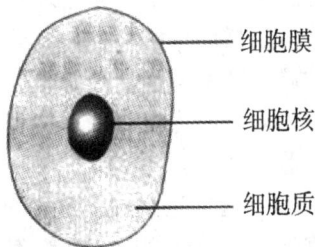

图 3 – 2 动物细胞模式图

— 细胞膜

— 细胞核

— 细胞质

七 问题与讨论

1. 在洁净的载玻片中央，为什么要用生理盐水（0.9%的NaCl溶液）？

答案：生理盐水（0.9%的NaCl溶液）的浓度与人体细胞一样。使用生理盐水，可防止人体细胞吸水胀破。

2. 为什么要把牙签上附有碎屑的一端放在载玻片上的生理盐水滴中涂抹几下？

答案：为了尽量多地得到碎屑。

3. 为什么制好的玻片要染色？

答案：人体细胞在没染色的情况下呈浅色，不利于观察。

4. 人体细胞的基本结构包括哪三个部分？与动物细胞是否相同？与植物细胞有何区别？

答案：人体细胞的结构包括细胞膜、细胞质和细胞核，与动物细胞一样，但与植物细胞不同，少了细胞壁。

八 创意自评

1. 问题分析。

学生做本实验前，已经学过"观察洋葱鳞片叶内表皮细胞"，初步掌握了临时装片的制作方法，所以本节课我们采用对比的方法来组织教学。总体来说，效果还不错，但也暴露出一些问题，如学生不能准确地找出口腔上皮细胞；染色不理想，观察不太清楚等。

2. 解决方法。

（1）取材前，口腔一定要用清水漱净，最好是用凉开水。

（2）用牙签在口腔内侧壁上轻轻刮动，不要刮在牙缝里，因为从牙齿上刮下来的是食物碎屑，不是口腔上皮细胞。学生在使用牙签时，容易弄伤自己的口腔黏膜。可以让学生先把牙签的尖头用牙齿轻轻咬几下，让它变得柔软，再进行操作。这样就使实验变得安全可行，容易完成。人的口腔顶壁前部为硬腭，后部为软腭，两侧壁为颊部。口腔各壁都有黏膜覆盖。本实验取材部位，以口腔两侧颊部为好。因为在这一部位能取到较多的口腔上皮细胞，而在口腔顶壁取得的上皮细胞数较少。

（3）选取适宜的染液浓度。只有选取了合适的染液浓度，才能将口腔上皮细胞的细胞质、细胞核和细胞膜较明显地显示出来。实践证明，用0.4%左右的碘酒溶液代替碘液效果更好。

实验四 观察草履虫

一 目的要求

　　要求学生学会草履虫的培养方法，并熟悉草履虫的形态结构；学习在显微镜下对运动活泼的微型动物的观察和实验方法；认识和理解原生动物的单个细胞是一个完整的能独立生活的有机体。

二 教学内容

　　1. 草履虫的培养。
　　2. 草履虫的观察。

三 材料和用品

　　干稻草、显微镜、载玻片、盖玻片、玻璃水槽（或烧杯）、滴管、凹玻片、吸水纸、脱脂棉、5% 的冰醋酸。

四 步骤

（一）草履虫的培养

　　取干稻草一小把，将近根部的茎秆剪成 2cm 左右长度，放入玻璃水槽（或烧杯）中，稻草高度占玻璃水槽的 1/3，向水槽加自来水，水面高度为水槽的 4/5，将稻草压入水中，当稻草吸足水分后就浮在水面表层，然后把水槽放在实验室靠窗口处培养，5~7d 后就可出现大量草履虫。因为禾本科植物上粘有缩成团状的草履虫，经加水培养后，它又会自由游动并大量繁殖。此法简单，可随用随培养，要注意禾本科植物不能选发霉、变质的。干稻草放在阴凉干燥的地方存放 5 年左右也能培养出草履虫，但一般采集当年的稻草为实验材料比较好，实验的效果最佳。

（二）草履虫的观察

　　1. 装片的制作。
　　取一片载玻片，在载玻片上放少许棉花（限制草履虫的迅速运动），用吸管在稻草培养液表面吸取一滴培养液于棉花处［吸取时，用手按住吸管乳胶头，将吸管嘴放在培养液上面所形成的水膜处（此处是草履虫经常聚集活动的地方），松开乳胶头，即可吸到草履虫］，盖好盖玻片，在低倍镜下观察。

2. 观察。

首先分辨出前、后端（前圆后尖），然后观察草履虫怎样运动。选择一个较为清晰的草履虫观察其内部结构。草履虫虫体最外为表膜（细胞膜），有弹性，故当草履虫穿过棉花时体形可改变。将光线调暗一些，可看到虫体覆满纤毛，这是草履虫的运动器。表膜内是透明无颗粒的外质，外质内有与表膜垂直排列的刺丝泡。从虫体的前端起，有一斜向后行直达体中部的凹沟即口沟，口沟后端为胞口，胞口下为胞咽，胞咽内有纤毛，有运输食物的功能。内质里有许多食物泡，在虫体的前后端各有一个亮泡，是伸缩泡（消化器），其周围有放射状的收集管（收集代谢产物），虫体中央有两个细胞核（可用5%的冰醋酸染成黄白色），大核呈肾形（营养），小核为点状（生殖）。

五 问题与讨论

绘制草履虫的形态与构造图，并注明各结构的名称。

附：原生动物的主要特征

1. 特征。原生动物是动物界里最原始、最低等的动物。它们的主要特征是身体由单个细胞构成，因此也称为单细胞动物。

2. 分布。原生动物的身体微小，一般需用显微镜才能看见，它们分布很广，生活在淡水、海水以及潮湿的土壤中，也有不少种类是寄生的。可分为鞭毛、肉足、孢子和纤毛纲四大类群。

3. 与高等动物细胞的区别。构成原生动物的单个细胞，既具有一般细胞的基本结构——细胞膜、细胞质、细胞核，又具有一般动物所表现的各种生活机能，如运动、消化、呼吸、排泄、感应、生殖等。因此它和高等动物体内的一个细胞不同，而和整个高等动物体相当，是一个能够独立生活的有机体。

实验五 探究种子的营养成分

一 目的要求

1. 能说出种子的营养成分以及检测方法。
2. 培养实验设计能力和实验探究能力，提高生物科学素养，能正确描述实验现象、合理分析实验现象和得出准确的结论。

二 原理

脂肪能够在白纸上形成油印；一般情况下，淀粉遇碘液变蓝；蛋白质加入双缩脲试剂呈现紫色；有机物能够在空气中燃烧，而无机盐不能；水加热会变成水蒸气，水蒸气遇冷会凝结成水珠。

三 教学内容

花生种子、大米、大豆种子分别富含脂肪、淀粉和蛋白质；可用双缩脲试剂和碘液对蛋白质和淀粉进行鉴定，蛋白质与双缩脲试剂显紫色反应，碘液使淀粉呈蓝色。

四 材料和用品

1. 实验材料：花生种子、大米、大豆种子。
2. 实验器具：酒精灯、解剖针、打火机、白纸、自制塑料槽、镊子、刀片、试管、试管夹、滴管、量筒、烧杯、清水、碘液、双缩脲试剂。

五 步骤

步骤	材料及处理	操作方法	预测现象	结果分析
1	花生种子，去掉种皮	用镊子夹取去掉种皮的花生放在白纸上挤压，然后与水印进行对照	白纸上出现油印	花生种子经过挤压在白纸上形成油印，说明含有脂肪

（续上表）

步骤	材料及处理	操作方法	预测现象	结果分析
2	花生种子，晒干，去种皮，用刀片切成片状	用解剖针穿插一块花生片，直接放在酒精灯上燃烧	花生片燃烧，剩下灰烬	花生片燃烧后剩下的灰是无机盐，证明花生种子含无机盐
3	干燥的大米	先取一支试管放在酒精灯上烘烤一下，驱尽潮气，然后用自制塑料槽把大米（约30粒）装入试管内烘烤	试管内壁出现水珠	水珠是水加热变成水蒸气遇冷凝结而成的，说明水是大米中含有的营养成分
4	大米，放入清水中浸泡数小时后，制成米浆	用量筒量取2mL米浆注入试管，然后加入2滴碘液，摇匀	米浆加入碘液后变成蓝色	米浆变蓝，证明大米含有淀粉
5	大豆种子，放入清水中浸泡数小时后，制成豆浆	用量筒量取2mL豆浆注入试管，先注入双缩脲试剂A液1mL，摇匀，后加入双缩脲试剂B液4滴，摇匀	豆浆变成紫色	豆浆加入双缩脲试剂变紫，说明大豆种子含蛋白质

六 结果与分析

1. 实验结果：①花生种子能燃烧，说明含有机物；挤压花生种子的白纸出现油印，说明花生种子中含脂肪；②花生种子燃烧后剩下灰白色的灰，说明含无机盐；③装有大米的试管经过烘烤后出现水珠，说明大米含有水分；④米浆遇碘液变蓝，说明大米含有淀粉；⑤豆浆加入双缩脲试剂呈现紫色，说明大豆种子含有蛋白质。

2. 实验结论：种子中含有脂肪、淀粉、蛋白质等有机物和无机盐、水等无机物。

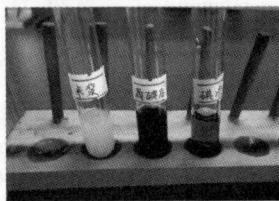

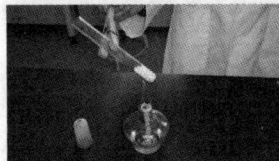

七 问题与讨论

1. 脂肪还可以用苏丹Ⅲ或苏丹Ⅳ进行检测，查阅有关资料，谈谈如何运用苏丹Ⅲ或苏丹Ⅳ检测种子的营养成分中的脂肪？

答案：脂肪可以被苏丹Ⅲ染液染成橘黄色（或被苏丹Ⅳ染液染成红色）。

2. 淀粉遇碘液都显蓝色吗？

答案：不是。只有一般可溶性淀粉遇碘液才形成蓝色的新物质。

八 创意自评

本实验的创意设计有：

1. 选材经济，广东易得。

大米、大豆和花生都是我国南方城市容易找到的实用价廉的实验材料，尤其是大米。教材中建议使用材料为小麦种子，相对比较适于在北方城市的学校开展实验。

2. 方法创新，步骤优化。

在检测种子含有无机物和蛋白质的过程中，进行了创新设计：

一是将花生子叶切片穿在解剖针上，直接放在酒精灯上燃烧，这与现行教材和配套活动手册将种子放在石棉网上燃烧相比，时间更快，燃烧更充分。

二是用双缩脲试剂检测蛋白质，这与教材用纱布包裹面团揉洗的做法相比，耗时少，操作更简便。在步骤安排上，我们进行了优化，先检测种子中的有机物，后检测无机物。如先检测花生中含有脂肪，这有利于解释后面的燃烧现象。

3. 自制器具，实用耐用。

针对传统纸槽存在不能沾水、不能清洗、不耐储存、不能反复使用等特点，我们利用废弃的透明塑料目制成塑料槽。这与传统纸槽相比，具有不怕水、能清洗、实用和耐用等特点。利用废弃塑料制作实验器具，体现了变废为宝的思想，也适于广大教师以及学生模仿制作。

实验六 探究种子萌发的环境条件

一 目的要求

1. 通过探究活动知道种子萌发所需要的环境条件。
2. 以科学研究的方式进行探究活动，培养主动地获取知识、应用知识、解决问题的学习方式。

二 原理

种子的萌发和生长都需要很多物质和营养。例如适宜的温度、一定的水分、充足的空气和阳光等。我们通过对照试验的方法，可探究种子萌发的环境条件。

三 教学内容

种子的萌发需要适宜的温度、充足的空气和一定的水分。种子在萌发开始阶段，必须用水浸泡一定时间，让种子吸足水。而萌发阶段，还必须有充足的空气，如果空气不足，会造成种子腐烂。

四 材料和用品

330mL 透明矿泉水瓶、清水、电冰箱、绿豆或大豆种子、旧衣服布或旧毛巾（10cm×10cm）。

五 步骤

1. 取 5 个 330mL 透明矿泉水瓶，编号为 1、2、3、4、5。向每个瓶中放入 10cm×10cm 大的旧衣服布或旧毛巾，并在其上均匀地放上 10 粒种子，然后依照下表的处理方式操作。

1 号瓶	2 号瓶	3 号瓶	4 号瓶	5 号瓶
旧衣服布上不洒水	倒入较多的清水，使旧衣服布和种子浸没在水中	洒入少量的清水，使旧衣服布湿润	洒入少量的清水，使旧衣服布湿润	洒入少量的清水，使旧衣服布湿润
置于室温环境下	置于室温环境下	置于低温处（如冰箱中）	置于室温环境下	置于室温环境下，并放于黑暗处

2. 每天观察种子的萌发情况，把结果记录在下表中：

	1 号瓶	2 号瓶	3 号瓶	4 号瓶	5 号瓶
第一天					
第二天					
第三天					
第四天					
第五天					
第六天					

六 结果与分析

实验结果：1 号瓶中种子不萌发，2 号瓶和 3 号瓶中种子萌发情况较好，4 号瓶中种子的萌发情况最好，5 号瓶结果与 4 号瓶接近。

结论：1 号瓶内没有水分，所以种子不能萌发；2 号瓶因为瓶内水过多，种子缺少空气，所以萌发较少；3 号瓶种子是放在冰箱中，温度较低不适宜种子萌发；4 号瓶具备了适宜的温度、一定的水分和充足的空气这三个条件，所以种子能够发育成幼苗。可见，种子萌发需要的外界条件是适宜的温度、一定的水分和充足的空气，不需要阳光的照射。

七 问题与讨论

1. 为什么每个瓶子要放 10 粒种子？少一些可以吗？多一些呢？

答案：首先，每个瓶子中放入相同数量种子的目的是排除种子数量对实验结果的影响；其次，每个瓶子都放 10 粒种子的目的是使实验能避免因种子数量少，可能导致部分种子萌发而部分种子不萌发的情况，从而影响结果。一般多点和少点种子都可以，但不能太少也不能太多。

2. 种子的萌发可以不需要阳光的照射，那它的生长也不需要阳光的照射吗？

答案：生长过程中必须制造大量的有机物，因此一定需要阳光照射。

八 创意自评

1. 问题分析。

"探究种子萌发的环境条件"是一个重点探究实验，对于学生理解和掌握探究实验的一般过程和对照实验的设置原则有着重要的作用。但是，在教学实践中我们发现，按照教材中的相关方法去做实验很难成功。

2. 解决方法。

一是将原来的广口罐头瓶换成 330mL 的透明矿泉水瓶，让每个学生都能轻而易举地找到 5 个相同的矿泉水瓶，有利于观察，避免产生光的折射，影响实验的效果。

二是把餐巾纸改成纱布或棉布。可将干净的旧衣服布、旧毛巾或纱布剪成 10cm×10cm 大小，折两下。而以往我们按教材用餐巾纸做，大多不能萌发，原因可能是餐巾纸上含有漂白剂，影响了植物的生长。另外，在教学上，采用讲解、讨论、演示的方法，明确每号瓶所要探究的内容以及三组对照实验是什么，让学生演示实验的做法并纠错，当堂发给学生种子（大豆、绿豆或小麦等），要求每个大组共做一套实验，同时要求每个学生再做 2 号瓶实验。等上第二次课进行分析总结时，2 号瓶内的种子正好萌发了。这时，正好利用全班同学的 2 号瓶计算每种种子的发芽率，把"种子萌发的环境条件"这一实验的效率发挥到最大。

实验七 绿叶在光下制造有机物

一、目的要求

1. 知道验证绿叶在光下合成淀粉的实验原理。
2. 检验绿叶在光下是否能合成淀粉。

二、原理

淀粉遇碘变蓝可检验淀粉的存在。叶子里有没有淀粉的合成，可以判断叶子是否进行了光合作用。可通过对照实验法来验证，即在其他条件都相同的情况下，一组有阳光，一组无阳光作对照，实验结果就可以说明阳光对绿叶合成淀粉的作用。

三、教学内容

绿色植物在光下可利用光能将二氧化碳和水合成淀粉，并把光能转化成化学能储存在淀粉中。光是进行光合作用的条件，淀粉是光合作用的产物之一。

四、材料和用品

校园里的朱槿（俗称大红花）、黄虾花或常见的蟛蜞菊、锡箔纸、大头针、小烧杯、大烧杯、培养皿、三脚架、石棉网、酒精灯、火柴、镊子、酒精、碘液、清水。

五、步骤

1. 室外自然条件下的朱槿，选取 3 片健康绿色的叶片。
2. 用锡箔纸和大头针把 3 片叶叶片的一部分上下遮盖起来，遮光 2 天。
3. 摘取部分遮光的叶片，除去锡箔纸后，放入盛有酒精的小烧杯里（酒精以浸没叶片为宜），用酒精灯加热。
4. 待叶片由绿色变成黄白色后，取出叶片用清水漂洗。

5. 将漂洗干净的叶片平铺在培养皿中，加几滴碘液。片刻后，再用流动的清水慢慢洗去碘液，观察叶片的颜色变化。

六 结果与分析

实验结果：叶片用碘液染色后，见光部分变成了蓝色，遮光部分没有变蓝。原因是遮光部分中，原来制造积累的淀粉被运走或耗尽，同时因见不到光，不能制造出淀粉，所以没有变蓝，见光部分能进行光合作用，产生淀粉，叶片用碘液染色后，变成了蓝色。

结论：绿叶能在光下制造淀粉，即有机物。

七 问题与讨论

1. 实验中，我们把叶片一部分遮光，一部分不遮光，为什么呢？

答案：叶片一部分遮光，一部分不遮光是为了创设有光和无光两组的对照实验，使实验更科学，更有说服力。

2. 酒精溶解了绿叶中的什么物质？为什么能够溶解？

答案：酒精溶解了绿叶中的色素，因为色素能溶解于酒精等有机溶剂中。

八 创意自评

1. 问题分析。

实验步骤一，将盆栽的天竺葵放到黑暗处一昼夜，让叶片内的淀粉运走耗尽或转运。这一步骤对于班次较多的学校，必须有一个较大的暗室放置多盆天竺葵，才能满足多个班级学生实验的需要。若没有暗室，这个实验就会受条件限制而难以进行。能不能不经暗室处理而直接将放在室外自然条件下的天竺葵叶的一部分上下遮盖呢？另外，实验材料盆栽的天竺葵并不常见，能否用其他的植物代替呢？

2. 解决方法。

（1）实验材料盆栽的天竺葵的替代：天竺葵并不常见，可用校园里的朱槿或常见的蟛蜞菊来替代。

（2）黑纸片的替代：用锡箔纸代替黑纸片遮光。改用锡箔纸，遮光性强，实验效果好。

（3）曲别针的替代：用大头针代替曲别针，好夹，不易损坏叶片。

实验八 探究二氧化碳对光合作用强度的影响（1）

一 目的要求

探究不同的 CO_2 浓度（在溶液中用 $NaHCO_3$ 溶液代替）对光合作用强度的影响。

二 原理

1. CO_2 是光合作用的原料，CO_2 的浓度变化必然影响到光合作用的进行。

2. $NaHCO_3$ 在水中可分解产生 CO_2，供给叶片进行光合作用。

三 教学内容

1. 取叶圆片用真空渗入法，排除叶内细胞间隙的空气，使叶片充满水分而下沉。

2. 植物照光后，由于光合作用放出的氧气在水中的溶解度很小，而积累于细胞间隙，叶圆片即由下沉转为上浮。根据上浮所需时间，即能比较光合作用的强弱。

四 材料和用品

1. 材料：新鲜的绿叶。

2. 用具：打孔器、注射器、烧杯、培养皿、量筒、镊子、台灯。

3. 试剂：蒸馏水一定浓度梯度的 $NaHCO_3$ 溶液。

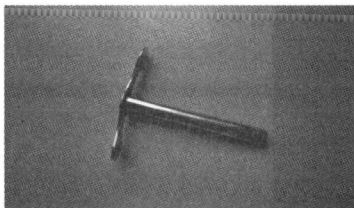

五 步骤

1. 取 5 只烧杯，编号为 1、2、3、4、5，分别倒入 100mL 蒸馏水和浓度由低到高的 $NaHCO_3$ 溶液。

2. 取生长旺盛的绿叶，用直径为 1cm 的打孔器打出小圆形叶片 50 片（注意避开大的叶脉）。

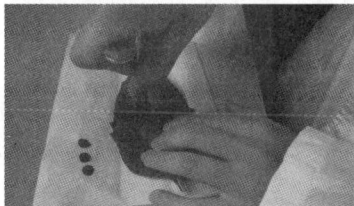

3. 将小圆形叶片置于注射器内，并让注射器吸入蒸馏水，待排出注射器内残留的空气后，用手堵住注射器前端的小孔并缓缓拉动活塞，使小圆形叶片内的气体逸出。这一步骤可重复几次。

4. 将内部气体逸出的小圆形叶片，放入盛有蒸馏水的培养皿中待用。这样的叶片因为细胞间隙充满了水，所以全部都沉到水底。

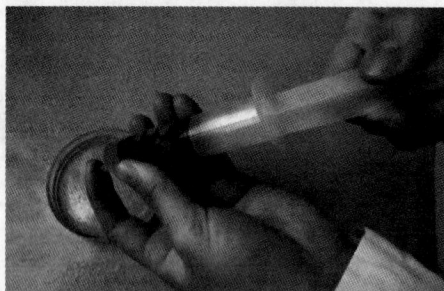

5. 分别向 5 只烧杯中各放入 10 片小圆形叶片，然后放在同样的光照条件下（如果环境光照较弱，可用台灯加强光照）。

6. 观察并记录同一时间段内各实验装置中小圆形叶片浮起的数量（或全部叶片浮起所需的时间）。

六 结果与分析

实验结果：

编号	NaHCO$_3$ 溶液浓度（mol/L）	相同时间叶片浮起的数量	全部叶片浮起所需时间
1	0		
2	0.1		
3	0.2		
4	0.3		
5	0.4		

结论：

_____

_____

七 问题与讨论

1. 假如用等量的叶圆片重复实验，你能否提出一种能缩短实验时间的方法？
答案：提高光照强度或适当提高温度。

2. 提高光合作用强度有什么有效而实用的措施？
答案：适当提高二氧化碳浓度或光照强度。

八 创意自评

材料易得，操作性强，激发思维，效果明显。

实验九 探究二氧化碳对光合作用强度的影响（2）

一 目的要求

1. 探究 CO_2 浓度对光合作用强度的影响。

2. 初步掌握设计探究 CO_2 浓度对光合作用强度影响的实验方法。

二 原理

1. $NaHCO_3$ 分解后生成 Na_2CO_3、水和 CO_2，不同浓度的 $NaHCO_3$ 分解后生成 CO_2 的量是不相等的。

2. CO_2 是光合作用的底物之一，它的含量直接影响光合作用强度，在一定的浓度范围内，增加 CO_2 浓度，光合作用强度加强。

三 教学内容

利用真空渗入法排除细胞间隙的空气，充以水分，使叶片沉入水中。由于放出的氧气在水中的溶解度很小，而在细胞间隙积累，结果使原来下沉的叶片上浮，根据相同时间内叶片上浮的数量，即可比较光合作用的强弱。

四 材料和用品

1. 仪器：光照培养箱、玻璃棒、注射器、烧杯、镊子、打孔器、黑袋子。

2. 材料：健壮、叶龄相似的成熟绿叶；0.5% $NaHCO_3$ 溶液；1% $NaHCO_3$ 溶液、1.5% $NaHCO_3$ 溶液。

五 步骤

1. 在标记好的 3 个烧杯中盛入浓度分别为 0.5%、1% 和 1.5% 的 $NaHCO_3$ 溶液。

2. 将 10 片叶片叠在一起，用打孔器打出直径为 1cm 的圆形叶片 30 片（注意：应避开主脉）。

3. 将 10 片圆形叶片置于注射器内，并吸入清水，然后排出注射器内的空气，用手指堵住注射器的小孔，缓慢拉动活塞，使圆形叶片内的空气逸出。反复抽拉。如发现小叶片全部沉入水底，则表示叶片内的空气全部逸出。

4. 把叶片放入盛有 0.5% $NaHCO_3$ 溶液的烧杯中，并把烧杯置于黑暗处。依次重复两次。

5. 将 3 个烧杯置于光照培养箱中，温度设为 30℃，时间为一小时。

6. 最后，比较相同时间内，杯中浮起的叶片数量。

六 结果与分析

时间 ＼ 烧杯	1	2	3
15min	6	8	10

实验十 "光合作用产生氧" 的演示

一 目的要求

1. 证明光合作用可以产生氧气。
2. 培养学生探究问题的兴趣和学习的方法。

二 原理

植物在进行光合作用的过程中，不但制造有机物，从而贮藏了能量，而且产生氧气。氧气通过叶肉组织的细胞间隙、气室至气孔排出。因此在培养水生植物时可以看到，光照情况下，植物向水中排出气泡（即氧气泡）。

三 教学内容

光合作用是绿色植物十分重要的一项生理功能，而且对于生物圈中其他生物的生存以及维持生物圈中的碳—氧平衡都有极其重要的意义。

四 材料和用品

500mL 左右无色透明矿泉水瓶（其中瓶盖中间用手摇打孔器打孔）一个、橡皮软管一条（长约22 cm）、陆生的叶小而薄的植物如爬山虎或石榴或芹菜叶（其他水生植物如黑藻、绿藻也可以）、火柴、卫生香。

五 步骤

1. 将橡皮软管插入矿泉水瓶盖的孔中，软管向瓶里面的长度大约为15cm。
2. 将爬山虎放入矿泉水瓶中。
3. 准备清水 500mL，倒入矿泉水瓶中，直到将瓶加满水为止，然后将瓶盖拧紧。
4. 将实验装置放在教室里有阳光的地方，过一会儿，就可观察到软管里不断滴出来的水滴。
5. 待到水面距瓶口大约 5cm 时，将快要熄灭的卫生香伸进矿泉水瓶口内，观察现象。

六 结果与分析

实验结果：矿泉水瓶中的水会慢慢减少，将快要熄灭的卫生香伸进矿泉水瓶口内时，卫生香会复燃。

结论：植物在进行光合作用时，会产生氧气。

七 问题与讨论

为什么软管里会有水滴滴出来？

答案：植物光合作用产生氧气时，造成瓶内压力增大，水受到氧气的排挤，就会通过长弯管将水排出。

八 创意自评

此套改进装置方便、实用，适用范围广，实验过程严谨，现象明显，注重安全环保和材料的充分利用，在教学中有利于学生创新精神的培养和科学素质的提高。

实验十一 比较不同蔬菜或水果中维生素 C 的含量

一、目的要求

1. 通过实验，培养学生的生物科学素养并提高学生科学探究的积极性。
2. 通过实验结果的比较，清楚提供的三种蔬菜中哪种维生素 C 的含量更高，从而更好地指导自己的生活和膳食。

二、原理

维生素 C 能使紫色的高锰酸钾溶液褪色。

三、教学内容

维生素是人和动物维持正常的生理功能，且必须从食物中获得的一类微量有机物，在人体生长、代谢、发育过程中发挥着重要的作用。维生素 C 又称抗坏血酸，缺乏它，可引起坏血病、抵抗力下降等。它主要分布在蔬菜和水果中。利用维生素 C 的水溶液能够使高锰酸钾溶液褪色，且根据维生素 C 溶液浓度越高，用量越少的特性，可以测定蔬菜或水果中维生素 C 的含量。

四、材料和用品

研钵，漏斗，纱布，50mL 烧杯（3 个），小试管（3 支），试管架，滴管，量筒，蒸馏水，天平秤，0.01% 的高锰酸钾溶液（带滴管），新鲜的菜心、芹菜和韭菜。

五、步骤

1. 称取等量的菜心、芹菜、韭菜，分别放到研钵中，加等量蒸馏水研磨。在漏斗中垫 2~3 层纱布，将三种蔬菜的汁液分别过滤到编号为 A、B、C 的三个烧杯中。
2. 取 3 支编号为 A_1、B_1、C_1 的试管分别加入 3mL 0.01% 的高锰酸钾溶液，用滴管吸取不同的汁液分别滴定到试管中。观察实验现象并记录所用汁液的滴数。

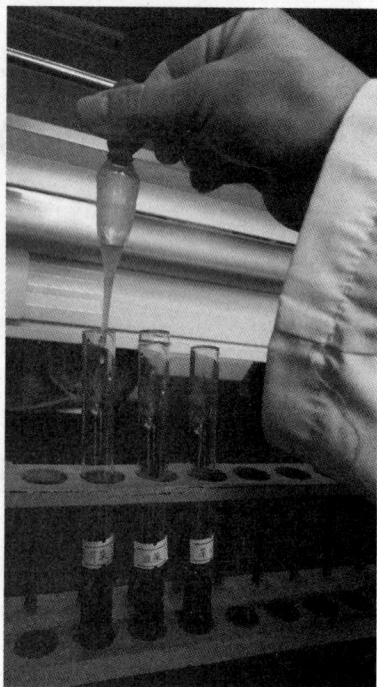

六 结果与分析

1. 实验观察记录表:

试管编号	蔬菜名称	蔬菜汁液滴数	实验现象
A_1	菜心		
B_1	芹菜		
C_1	韭菜		

2. 结论:

_____

_____

七 问题与讨论

1. 实验所用的三种蔬菜中,哪种蔬菜的维生素 C 含量最高?

答案:以上三种蔬菜中,每 100g 维生素 C 的参考含量分别为菜心(白菜薹)

44mg，芹菜叶 22mg，韭菜 21mg。

2. 坏血病是由于人体缺乏维生素 C 所引起的。因此，这个实验对我们选择蔬菜有什么启发？

答案：可通过食用富含维生素 C 的蔬菜预防或治疗坏血病。

3. 加热或长时间贮存的蔬菜，维生素 C 的含量会发生变化吗？

答案：过高温度加热或加热时间过长都会造成维生素 C 含量的损失，因此在生活中，应尽可能缩短烹饪时间；由于室温下各种霉菌和空气的氧化作用，蔬菜中维生素 C 含量会随贮存时间的延长而减少，因此在日常生活中应食用新鲜蔬菜。

八 创意自评

1. 实验设计：新课标《生物学》七年级下册第 8 章有用吲哚酚试剂检测维生素 C 的实验，参考此实验，我们设计了"比较不同蔬菜或水果中维生素 C 的含量"的实验。

2. 试剂改进：选用高锰酸钾溶液检测维生素 C，与用吲哚酚试剂相比较，褪色反应更明显，实验效果好，而且高锰酸钾常见，容易购买，价格便宜。

3. 方法改进：用蔬菜汁液滴定到紫色的高锰酸钾溶液中，与用吲哚酚试剂滴定到蔬菜汁液相比，更便于观察实验现象。

4. 本实验操作简单，有利于启发学生更合理地指导自己的生活和膳食。

实验十二 维生素 C 的定量测定
——2，6-二氯酚靛酚滴定法

一 目的要求

1. 掌握 2，6-二氯酚靛酚测定维生素 C 的原理和方法。
2. 熟悉碱式滴定管的使用。

二 原理

还原型抗坏血酸能还原染料 2，6-二氯酚靛酚钠盐，本身则氧化成脱氢抗坏血酸。在酸性溶液中，2，6-二氯酚靛酚呈红色，被还原后为无色。因此，可用 2，6-二氯酚靛酚滴定样品中还原型抗坏血酸。当抗坏血酸全部被氧化后，稍多加一些染料，使滴定液呈淡红色，即为终点。如无其他杂质干扰，样品提取液所还原的标准染料量与样品所含的还原型抗坏血酸量成正比。

三 材料和用品

番石榴、2% 的草酸溶液、1% 的草酸溶液、0.01% 的 2，6-二氯酚靛酚溶液（贮棕色瓶内冷藏，有效期一周）、标准抗坏血酸溶液（0.1mg/mL）（贮棕色瓶内，临用时配制）、研钵、吸量管（1mL、10mL）、容量瓶（100mL）、锥形瓶（100mL）、碱式滴定管、漏斗及漏斗架、药物天平、10mL 量筒及滴管。

四 步骤

1. 样品处理。

称取 2g 番石榴果肉于研钵中，加入 5mL 2% 的草酸溶液研磨至匀浆，倒入 100mL 容量瓶中，用 2% 的草酸溶液定容至刻度，充分摇匀。静置 10min，过滤。滤液备用。

2. 滴定。

（1）标准液滴定：准确吸取标准抗坏血酸溶液 1mL（含 0.1mg 抗坏血酸），置于 100mL 的锥形瓶中，加 9mL 1% 的草酸溶液，用 0.01% 的 2，6-二氯酚靛酚滴定至淡红色，并保持15s不褪色即为终点。由所用染料的体积计算出1mL染料相当于多少毫克抗坏血酸。

（2）样液滴定：准确吸取上述样品滤液两份，每份10mL，分别放入两个锥形瓶内，滴定方法同前。

五 结果与分析

维生素 C mg 数/100g 样品 $= \dfrac{V \times S}{W} \times 100$

式中，V 为滴定样品滤液所用的 2，6 - 二氯酚靛酚的平均 mL 数；S 为 1mL 的 2，6 - 二氯酚靛酚相当于维生素 C 的 mg 数；W 为 10mL 样品滤液中含样品的 g 数。

实验十三 探究馒头在口腔中的变化

一 目的要求

1. 通过探究实验使学生了解食物中的淀粉在口腔中发生了变化。
2. 通过探究实验使学生知道淀粉在口腔中发生变化与牙齿的咀嚼、舌头的搅拌以及唾液的分泌都有关。
3. 培养学生仔细观察、善于思考、动手实践、与人合作的能力。

二 原理

唾液中含有淀粉酶等多种消化酶，可将馒头中的淀粉物质分解成麦芽糖。淀粉遇碘液变蓝色，因此可用碘液来检测淀粉的分解与否。

三 教学内容

食物中的淀粉、脂肪和蛋白质等结构复杂的大分子有机物，进入人体的消化系统后，需逐步分解成简单的物质才能被人体吸收，这个过程叫作消化。消化主要通过多种消化酶（如口腔中的唾液淀粉酶，胃、小肠中的消化酶）作用而进行。唾液中淀粉酶可将馒头中的淀粉物质分解成麦芽糖，这就是我们平常吃馒头细细咀嚼后会感觉有甜味的原因。

四 材料和用品

馒头、碘液、清水、蒸馏水、试管、滴管、5mL注射器（拔掉针头）、一次性塑料杯（果冻盒、矿泉水瓶、酸奶杯亦可）。

五 步骤

1. 用清水漱口，收集唾液后放在塑料杯里。
2. 取3支洁净的试管，分别标记为1、2、3，在3支试管中分别加入等量的馒头碎屑。
3. 在1号试管中注入2mL唾液并进行充分的搅拌，在2号试管中注入2mL清水并进行充分的搅拌，在3号试管中注入2mL唾液但不搅拌。

将馒头碎屑放入1号试管中,注入2mL唾液并进行充分的搅拌	将馒头碎屑放入2号试管中,注入2mL清水并进行充分的搅拌	将馒头碎屑放入3号试管中,注入2mL唾液,不进行搅拌

4. 将试管进行手搓或放在腋窝处,利用人体的体温进行预热。然后放入预先备好的37℃热水中进行加热。

5. 10min后取出,分别向3支试管滴入3滴碘液,振荡,观察颜色变化。

六》结果与分析

实验结果:1号试管中滴加碘液后不变色,证明馒头碎屑完全被消化成麦芽糖;2号试管中馒头碎屑几乎没什么变化,滴加碘液后变成蓝色;3号试管中滴加碘液后,颜色比2号试管的颜色浅,说明分解不是很充分。

结论:淀粉在口腔中发生变化与牙齿的咀嚼、舌头的搅拌以及唾液的分泌都有关。

七》问题与讨论

1. 为什么要预热?

答案:减少加热时间,从而缩短实验时间。

2. 为什么要将试管置于37℃的热水中加热?

答案:唾液淀粉酶的最适温度是37℃,将试管置于37℃的热水中加热有利于唾液淀粉酶对淀粉的分解反应充分进行。

八》创意自评

1. 加热装置的替代:①将试管进行手搓或放在腋窝处代替水浴加热装置,因为人体温度维持在37℃左右,可利用人体温度进行预热;此法不用酒精灯、石棉网、三脚架、烧杯、火柴、温度计，减少了仪器的损耗，适用于条件差的学校，更减少了初中学生对酒精灯使用的安全隐患。②将水事先加热，供学生分组实验用（温度高可加冷水调节，温度低可加热水调节），此法可替代用酒精灯、石棉网、三脚架、火柴进行加热，给学生和教师带来方便，节约了时间。

2. 量筒的替代：用拔掉针头的 5mL 注射器代替量筒，价格便宜，不易损坏。

3. 烧杯的替代：盛装唾液的小烧杯可用果冻盒、矿泉水瓶、酸奶杯、一次性塑料杯等代替，不易损坏。

实验十四 探究唾液对淀粉的消化作用

一 目的要求

1. 探究唾液对淀粉的消化作用，初步了解酶的作用和特性。
2. 设置了两组实验：A组和B组，分别从正、反两面说明唾液对淀粉的消化作用。

二 原理

淀粉遇到碘液变蓝色。唾液中含有可消化淀粉的酶。淀粉在唾液中酶的作用下被消化成麦芽糖，麦芽糖遇碘液不变蓝色。

三 教学内容

口腔的温度约为37℃，是唾液淀粉酶的最适温度，当温度超过37℃时，酶的作用会降低甚至失效，煮沸的唾液中酶的作用会降低甚至失效，从而无法消化淀粉。

四 材料和用品

1. 材料：淀粉液、唾液、碘液、清水。
2. 器具：试针、烧杯、三脚架、石棉网、酒精灯、滴管、打火机、温度计。

五 步骤

1. A组：设3支试管，编号为1、2、3，分别加入等量的唾液、清水、煮沸唾液→各加入等量的淀粉液→37℃水浴3分钟→各加入等量的碘液。
2. B组：设3支试管，编号为1、2、3，分别加入等量的淀粉液＋碘液→各加入等量的唾液、清水、煮沸唾液。

六 结果与分析

组别		实验结果	实验结论
A 组	实验组 A₁ （淀粉液 + 唾液 + 碘液）	无明显变化	说明在 37℃时唾液淀粉酶活性强，能消化分解淀粉，在高温情况下，酶活性降低甚至失效，未能消化分解淀粉
	对照组 A₂ （淀粉液 + 清水 + 碘液）	变蓝色	
	对照组 A₃ （淀粉液 + 煮沸唾液 + 碘液）	变蓝色	
B 组	实验组 B₁ （淀粉液 + 碘液 + 唾液）	蓝色褪去	
	对照组 B₂ （淀粉液 + 碘液 + 清水）	蓝色未褪去	
	对照组 B₃ （淀粉液 + 碘液 + 煮沸唾液）	蓝色未褪去	

七 问题与讨论

1. 本实验中，制成的淀粉液为什么要先冷却，不能立即使用？

答案：高温情况下，酶活性会降低甚至失效。

2. A组实验加入唾液溶液等试剂后，为什么要在 37℃ 的温水中保温？

答案：37℃时唾液中可消化淀粉的酶活性强，能消化分解淀粉。

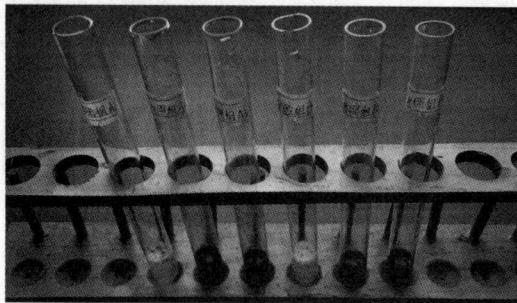

3. 在 B 组实验中，当往 3 支试管加入淀粉液和碘液时都呈蓝色，再加入唾液、清水、煮沸唾液后，B₁ 蓝色褪去，B₂、B₃ 无此变化，原因是什么？

答案：B₁ 中加入唾液，唾液中含有可消化淀粉的酶，所以颜色褪去。B₂ 中无淀粉酶，B₃ 煮沸的唾液中淀粉酶的活性失效，所以仍有淀粉，蓝色未褪去。

4. 上述两组实验的结果说明了什么问题？

答案：说明在 37℃时唾液中可消化淀粉的酶活性强，能消化分解淀粉，在高温情况下，酶活性降低甚至失效，才能消化分解淀粉。

八》创意自评

1. B 组实验不用水浴加热，反应速度快；试剂先变蓝色，后褪色，使学生对该实验现象的印象更加深刻。

2. 使用煮沸的唾液作对照，能说明在高温情况下，酶的作用会降低甚至失效，而无法消化分解淀粉。这样做可在一定程度上提高学生的生物科学素养，拓展学生的知识面，让学生进一步巩固所学的知识。

3. 用米水代替淀粉液，实验效果一样明显，学生可以从家里带来，不用花钱购买。

4. 向水锅中加热水，保持水浴温度约为 37℃。这比用酒精灯给水浴锅加热要快速、方便和安全。

实验十五 淀粉酶的专一性

一 目的要求

了解酶对底物的选择性及检查酶专一性的原理和方法。

二 原理

酶具有高度的专一性。本实验以唾液淀粉酶对淀粉和蔗糖的作用为例，来说明酶的专一性。

淀粉和蔗糖无还原性。唾液淀粉酶水解淀粉生成有还原性的麦芽糖，但不能催化蔗糖的水解。

本实验用 Benedict 试剂（本尼迪特试剂）检验糖的还原性。

三 材料和用品

2% 蔗糖溶液、0.3% NaCl、1% 淀粉溶液、稀释 10 倍的新鲜唾液、Benedict 试剂、试管及试管架、5mL 量筒、两个恒温水浴锅、洗瓶。

四 步骤

1. 取 3 支试管，编号为 1、2、3，分别加入 1% 的淀粉溶液、2% 的蔗糖溶液和蒸馏水各 2mL，再各加入 Benedict 试剂 1mL，混合均匀，放在沸水浴中煮 10min，观察有无砖红色沉淀生成。

2. 再取 3 支试管，编号为 4、5、6，分别加入 1% 的淀粉溶液、2% 的蔗糖溶液和蒸馏水各 1mL，向 3 支试管再各加入稀释唾液 1mL，混合均匀，放入 37℃ 恒温水浴中保温，15min 后取出，各加入 Benedict 试剂 1mL，摇匀后，放入沸水浴中煮 10min，观察有无砖红色沉淀生成。

实验十六 探究人体呼吸气体成分的变化

一 目的要求

1. 使学生了解氧气和二氧化碳的检测方法。
2. 通过探究人体呼出气体成分的变化（与空气比较），从而激发学生思考呼吸作用的实际和意义。

二 原理

蜡烛的燃烧需要氧气，二氧化碳能使澄清的石灰水变浑浊。

三 教学内容

人体的有氧呼吸作用能利用氧气，将有机物彻底氧化分解成二氧化碳和水，同时释放出能量，经过有氧呼吸作用后，呼出的气体中，氧气的含量比空气中少，而二氧化碳则比空气中多。

四 材料和用品

1. 材料：澄清石灰水、蜡烛。
2. 器具：吸滤瓶 1 个、带孔胶塞 1 个、玻璃直管 1 根、铁丝 1 根、打气筒 1 个。

五 步骤

1. 把玻璃管插入胶塞中，并把固定有蜡烛的铁丝插进胶塞。
2. 往吸滤瓶中加入适量的澄清石灰水（刚配制的）。
3. 点燃蜡烛，并迅速用胶塞塞紧吸滤瓶的瓶口，使瓶内玻璃管插到液面以下，蜡烛高于液面。
4. 用打气筒向吸滤瓶中反复打入空气（大约 30s），并同时观察吸滤瓶中蜡烛是否熄灭，澄清

图 16 - 1 吸滤瓶

石灰水是否变浑浊。

5. 换用人向吸滤瓶中吹气（大约30s），并同时观察吸滤瓶中蜡烛是否熄灭，澄清石灰水是否变浑浊。

六 > 结果与分析

实验结果：①用打气筒往吸滤瓶反复打入空气时，蜡烛正常燃烧，澄清石灰水没有变浑浊；②人向吸滤瓶中不断吹气时，不久蜡烛就会熄灭并且澄清石灰水逐渐变浑浊。

结论：①人体呼出的气体中氧气含量比空气中的含量少；②人体呼出的气体中二氧化碳的含量比空气中的含量多。

七 > 问题与讨论

人体呼吸的过程中气体成分如何变化？呼吸作用有何意义？

答案：人体的细胞利用氧气将葡萄糖等有机物分解，产生二氧化碳和水，同时伴有能量的释放，所以人体呼出的气体中氧气含量比空气中的少，而二氧化碳的含量比空气中的多。

细胞通过呼吸作用释放能量，一部分用于维持体温的恒定，另一部分用于各种生命活动。可见，呼吸作用的重要意义在于为生命活动提供动力。

八 > 创意自评

1. 实验器材易找，容易模仿制作，实验方法步骤有所改进和优化，实验现象明显，实验效果能在短时间内体现，学生更容易明确实验的意义。

2. 通过实验探究，激发学生学习兴趣，使学生懂得用科学探究的方法去学习、思考和分析问题，从而培养学生的探究能力。

实验十七 观察小鱼尾鳍内血液的流动

一 目的要求

1. 描述血液在不同类型血管内的流动情况。
2. 尝试分辨血管的种类。

二 原理

小鱼尾鳍的末端可以找到只允许红细胞单行通过的毛细血管,再根据血流的情况可分别找到小动脉和小静脉。

三 教学内容

1. 血管是指血液流过的一系列管道。按血管的构造功能不同,分为动脉、静脉和毛细血管三种。

2. 动脉起自心脏,不断分支,口径渐细,管壁渐薄,最后分成大量的毛细血管,分布到全身各组织和细胞间。毛细血管再汇合,逐级形成静脉,最后返回心脏。

四 材料和用品

尾鳍色素少的红鲤鱼、显微镜、小号培养皿、滴管、湿棉絮、小网。

五 步骤

1. 用小网把鱼捞起来,用湿棉絮将小鱼头部的鳃盖和躯干部包裹起来,露出尾部。

2. 将小鱼平放在培养皿中,使尾鳍平贴在培养皿上。

3. 将培养皿放在载物台上,用低倍显微镜观察尾鳍血管内血液的流动情况。

4. 找到管径最小的血管,注意观察血液在这种血管内的流动情况。

5. 注意观察管径最小的血管是由什么血管分支而来的,它最终又汇入什么血管中。

注意:观察过程中,应时常用滴管往棉絮上滴水,保持湿润,尽量使小鱼少受伤害。实验后将小鱼放回鱼缸。

六 结果与分析

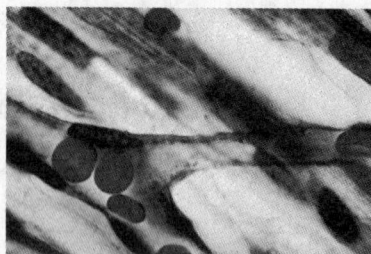

实验结果：显微镜下观察到，小鱼尾鳍有不同粗细的血管；血管中血液流动有一定的方向，并且不同的血管血液流动速度不同。

结论：血液是从动脉流向毛细血管再流向脉血管，动、静脉较大且粗，而毛细血管较小、细，血流速度最慢。

七 问题与讨论

如何根据血液流动的速度和血管的特点功能来区分动脉、静脉和毛细血管？

答案：

血管名称	管壁特点	管腔大小	血液速度	功　能
动脉	厚	较大	快	送到全身各部分
静脉	较薄	大	较慢	将血液送回心脏
毛细血管	最薄	最小	最慢	物质交换

八 创意自评

1. 问题分析。

第一，将小鱼抓放在培养皿中是一个很难操作的步骤；第二，用浸湿的棉絮将小鱼包裹的过程也较困难；第三，小鱼在显微镜下观察时易发生跳动，引起学生的尖叫，也导致了观察的困难。

2. 解决方法。

选择尾鳍色素少的红鲤鱼，原因是它个体较小，价格便宜，比泥鳅的活泼性小。可添加捞鱼的小网，解决了抓鱼难的问题。学生用小网很容易将小鱼罩上来，既能节省时间，也免去在抓捞小鱼的过程中使鱼受到伤害，增长了小鱼存活时间。直接选用小号（直径9cm）培养皿，不使用载玻片，直接观察。只是在观察时，将培养皿的水珠擦干净，则效果较好。教材要求将载玻片盖在鱼鳍上，其目的是为了防止在观察中将物镜的镜头弄脏，本实验使用的是低倍镜，物镜与小鱼间有2cm左右的距离，不至于碰到物镜，因此载玻片缺少实际应用价值，反而增加了实验的难度。

实验十八 > 探究鱼鳍在游泳中的作用

● > 目的要求

1. 认识鱼的外形；了解鱼各种鳍的作用。
2. 设计和探究鱼各种鳍在游泳中不同作用的实验方法。

● > 原理

鱼鳍在鱼的游泳生活中具有很重要的作用，有的可以使鱼的身体保持直立，有的可以促进前行。本实验中，我们利用单一变量的方法，研究鱼各种鳍的功能。

● > 教学内容

1. 鱼鳍是鱼类在水中运动的重要器官，也是维持身体平衡的器官。鱼鳍可分背鳍、尾鳍、胸鳍、腹鳍、臀鳍等。

2. 背鳍是维持鱼体直立和防止倾斜的平衡器官；尾鳍主要有进行游泳和掌握转向的用途；胸鳍可配合尾鳍控制鱼体稳定；腹鳍具有协助背鳍维持鱼体平衡、协助升降和转向的作用；臀鳍可维持鱼体的平衡稳定，也辅助游泳。

● > 材料和用品

锦鲤鱼、粗线或纱布条、薄木片、水槽、托盘、各种固定鱼鳍的材料（如各种形状的塑料板、橡皮圈、曲别针、夹板针、布片、纱布等）、棉花团等。

● > 步骤

1. 从水槽里的鱼中选取一条体形大小合适的锦鲤鱼（水槽中必须留下至少一条正常的锦鲤鱼），放在准备好的托盘，并用棉花团沾水后包住鱼的鳃部，以保证鱼能够正常呼吸。

2. 同步骤 1 操作，然后用粗糙的薄木片和纱布条捆绑鱼的背鳍和臀鳍，然后放回水槽，观察鱼的行动。

3. 同步骤 1 操作，然后用粗糙的薄木片和固定材料夹住鱼的尾鳍，然后放回水槽，观察鱼的行动。

4. 同步骤 1 操作，然后用纱布条捆绑住鱼的胸鳍和腹鳍，然后放回水槽，观察鱼的行动。

六 结果与分析

实验结果：捆绑鱼的背鳍和臀鳍，鱼开始失去平衡，不能保持垂直，并开始倾斜。用粗糙的薄木片和固定材料夹住鱼的尾鳍，鱼前进受阻碍，而且不能转弯。用纱布条捆绑住鱼的胸鳍和腹鳍，鱼失去平衡，发生侧偏。

结论：鱼前进的动力主要来自躯干后部和尾部肌肉的收缩舒张，其使鱼尾不停地摆动，从而推动身体前进。捆绑或剪去尾鳍的鱼不能保持前进的方向，捆绑或剪去胸鳍、腹鳍、背鳍、臀鳍的鱼不能保持身体的平衡，同时，捆绑或剪去胸鳍、腹鳍的鱼不能拐弯转向；不作处理的鱼能自由自在地游泳。这说明胸鳍、腹鳍、背鳍、臀鳍能保持身体的平衡，胸鳍、腹鳍能帮助拐弯转向，而尾鳍能保持前进的方向。

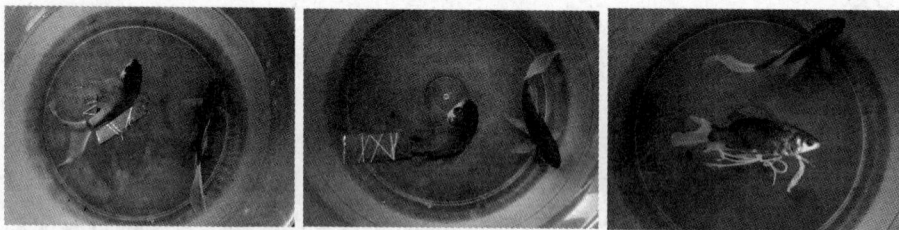

七 问题与讨论

1. 鱼共有几种鳍？在鱼游泳时，各种鳍是如何协调摆动的？

答案：鱼鳍可分背鳍、尾鳍、胸鳍、腹鳍、臀鳍等。背鳍是维持鱼体直立和防止倾斜的平衡器官；尾鳍主要有进行游泳和掌握转向的用途；胸鳍可配合尾鳍控制鱼体稳定；腹鳍具有协助背鳍维持鱼体平衡、协助升降和转向的作用；臀鳍可维持鱼体的平衡稳定，也辅助游泳。

2. 剪掉鱼鳍的方法又快又简单，为什么在实验中不提倡这样做？

答案：对动物造成伤害，影响动物的存活时间。

3. 实验时，为什么要留下一条正常的鱼？

答案：起对照作用。

八 创意自评

1. 问题分析。

教材介绍了制作模拟实验的方法，这种方法能培养学生操作能力和科学探究能力，但由于制作过程较为复杂，需要时间也较长，实验中的气球内水太多或太少、捆绑尾鳍的木片太大或太厚等，且学生制作水平差异比较大，此方法在当前课时较紧张的情况下不具有操作性。

2. 解决方法。

（1）选用锦鲤鱼代替鲫鱼。因为花鸟市场出售的小锦鲤鱼比鲫鱼个体小、灵活，且成本较低。

（2）用粗线、纱布条替代细线。捆绑鱼鳍时，教材提示用细线捆绑鱼鳍，事实上用粗线、纱布条会更好些，不宜用细线，否则易对鱼造成伤害。

（3）用粗糙的薄木片替代塑料片。教材上介绍用轻的塑料片捆绑鱼的尾鳍不易滑脱，事实上，在实验时没有一个小组捆绑成功。究其原因，一是需要很长时间才能绑好，实验后鱼往往容易死亡；二是即便绑住了，但只要一将鱼放入水中，鱼身稍微摆动，捆绑的塑料片就会滑掉。用粗糙的薄木片捆绑效果较好，并且鱼也不易受到伤害。

实验十九 观察鱼的呼吸

一、目的要求

1. 学会观察鱼的外形，探究并总结鱼的呼吸运动及原理。
2. 培养学生探究能力和实验操作能力。

二、原理

鱼在水中呼吸时，会带动水流动。通过观察水流动的方向，我们就可观察鱼的呼吸。

三、教学内容

1. 鱼的呼吸系统是鳃。鳃中有微血管，当血液流过这里时就完成了气体交换：将带来的二氧化碳透过鳃送到水中；同时，吸取水中的氧，氧随血液循环输送到身体各部分去。

2. 口部和鳃盖的交替开闭，可以使水不断地由口进入口腔，经咽到达鳃，再排到外面，鱼类的呼吸作用就是在这个过程中完成的。

四、材料和用品

鲫鱼（小金鱼）、墨水、吸管、纱布、水槽等。

五、步骤

1. 将鱼用纱布轻轻包住鱼身，然后用手抓稳包有纱布的鱼身并放入水槽中。
2. 用吸管吸取少量墨水，滴在鱼口的前方。
3. 观察水中墨水的移动方向。

六、结果与分析

实验结果：墨水被鱼从口中吸入，又从鱼的鳃盖后缘流出。
结论：鱼呼吸时，水流从鱼口进入，再从鳃盖后缘流出。

七 问题与讨论

1. 为什么实验中墨水会从鱼的鳃盖后缘流出，这跟鱼用鳃呼吸有什么关系吗？

答案：鱼在水中呼吸时，水流进入鳃后再出来，会带动水流移动，所以可以通过观察水流移动的方向了解鱼的呼吸。

2. 鱼还有其他的地方呼吸吗？

答案：鱼的辅助呼吸器官有皮肤、咽喉、假鳃、肠、鳔等。

八 创意自评

1. 问题分析。

在观察鱼的呼吸实验中，教材介绍的方法是，"用吸管吸取一些墨汁，把墨汁滴在鱼口的前方，观察墨汁的流动情况"。事实上，按照这种办法难以见到成效。在实验时，只要一将墨汁滴在鱼口的前方，鱼马上就会游走，即使是水槽里的水刚好淹没鱼身，也很难观察成功。

2. 解决方法。

第一步，用纱布轻轻包住鱼身；第二步，用手抓稳包有纱布的鱼身并放入水中；第三步，把墨汁滴在鱼口的前方，这样鱼就逃不掉，并且能够很清楚地看到墨汁先从鱼口进入，再从鳃盖后缘流出。为了使实验结果更具说服力，我们又另外加了一个对比实验。第一步、第二步与前同，第三步稍作改变：把墨汁滴在鱼的鳃盖后缘处，结果并未出现墨汁先从鳃盖后缘进入，再从鱼口流出的现象，由此证明鱼在呼吸时，水是先从鱼口进入，再从鳃盖后缘流出的。

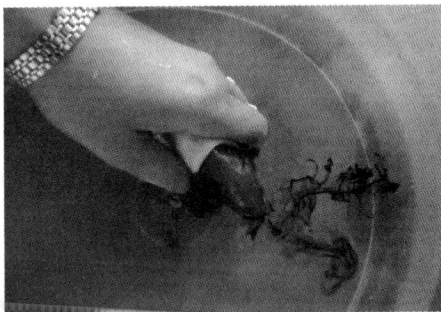

一 ▷ 目的要求

要求学生采挖蚯蚓并饲养、观察和实验探究。通过观察和解剖，了解蚯蚓的基本特征，认识蚯蚓形态结构与功能的统一，让学生从感性上掌握环节动物的重要形态特征。

二 ▷ 教学内容

1. 观察蚯蚓的外形、运动和对刺激的反应。
2. 解剖蚯蚓，观察其内部构造。（选做）

三 ▷ 材料和用品

活蚯蚓、玻璃板、废弃塑料瓶、棉球（可用卫生纸替代）、醋、手电筒、镊子、解剖剪、解剖针、大头针、粗糙纸（可用家中的纸箱纸替代）、泡沫板（利用废品泡沫板或小木板代替蜡盘，同样可以取得满意的实验效果，教师平时只需要留意将泡沫板积累起来就可以了，这可大大节约实验成本）。

四 ▷ 步骤

1. 采集和饲养。

蚯蚓的生活环境很广泛，在田间、草丛、路旁、庭院等地方的土壤里都可能有蚯蚓，可以到这些地方采集。采集蚯蚓要根据当地的气候条件，选择温暖和雨后的晚上或者清晨，在蚯蚓排泄物附近挖取。一般大雨后常常有较多的蚯蚓出现，采集到的蚯蚓可以放入容器内饲养（可用废弃塑料瓶制作观虫器，将塑料瓶上面1/3剪去，在瓶身距底部1cm处用锥子打孔数个，作为

排水孔）。只要保持容器内的蚯蚓密度不过分拥挤，保持一定的湿度并投以树叶、菜叶或动物粪便，即可保持蚯蚓的正常生存。注意将容器放置在阴暗、通风的地方。

2. 观察蚯蚓的外部形态。

将活蚯蚓放在有水的培养皿中清洗后置于泡沫板中，先区别前后端及背腹面口与肛门的位置，刚毛着生的情况以及识别背孔，环带，雌、雄生殖孔，受精囊孔等。

（1）问题：①观察蚯蚓有几节体节，在第几节和第几节体节之间有一个环带。②用肉眼和放大镜观察蚯蚓的外形，认出前端、后端以及背腹面。③用手指在蚯蚓身体腹面抚摸。④用手从蚯蚓的前端向后摸，然后再用手从后端向前摸，感觉有什么不同？⑤仔细观察蚯蚓体表有没有孔。

（2）讨论：①怎样区别蚯蚓身体的前端、后端以及背腹面？②蚯蚓的体壁是干燥的还是湿润的？这对它的生活有什么意义？

（3）归纳总结蚯蚓的外部形态特征：体圆长、由许多环节组成，每一环节体表有刚毛，除前几个体节外，背中线上每节间沟处有背孔，腹面在 VI/VII、VII/VIII、VIII/IX 节间沟的两侧有 3 对受精囊孔，第 XIV 体节腹中线上有 1 个雌孔，环带位于第 XIV ~ XVI 体节，第 XVIII 体节腹面两侧各有 1 个雄孔。

3. 观察蚯蚓的运动。

（1）将活的蚯蚓放在一张粗糙的纸上，随时用浸过水的棉球轻触蚯蚓体表，使蚯蚓的体表保持湿润。观察蚯蚓运动时哪一端最先移动，移动时有无声音。

（2）把蚯蚓放在玻璃板上，看它移动的快慢（与它在粗糙纸上的运动作比较）。

4. 观察蚯蚓对刺激的反应。

①用手指轻轻地触动蚯蚓身体的各部分，看它分别有什么反应。②把浸过醋的棉球放在蚯蚓身体的前端附近，然后再把棉球放在蚯蚓身体后端附近，看它分别有什么反应。再用这个棉球触及蚯蚓的体壁，看它有什么反应。③在晚间用手电筒光照射蚯蚓身体的前端、后端和中央，看它分别有什么反应。

5. 观察蚯蚓的内部结构。

（1）内部结构的解剖。

将蚯蚓背朝上，用大头针将前后两端固定在泡沫板上，将解剖剪插入蚯蚓身体的 1/2 略偏背中线处，解剖剪稍向上挑，由后向前直剪至口，再用大头针每隔1 寸，将体壁向两旁张开，插入泡沫板（大头针大约 45 度角斜插在泡沫板上，大头针倾斜的方向要与蚯蚓纵轴垂直），且交错排列，再用解剖针轻轻沿体壁内缘将隔膜分离，然后加少量水，观察以下各部分结构。

①消化系统：环毛蚓的消化系统是一条直管，从前向后依次为口、咽、食

道、嗉囊、砂囊、胃、肠、盲肠、肛门。

②循环系统：解剖蚯蚓可以看到一条背血管、一条腹血管和连接背腹血管的8对大血管弧，一般称其中四对血管弧（环状血管）为心脏。背血管位于消化道的背中线上，腹血管位于消化道之下，腹神经链之上，背血管和腹血管都是纵贯身体前后的血管。环状的心脏连接背、腹血管，用镊子向一侧掀起砂囊即可看见。

③生殖系统：用镊子和剪刀小心地将食道至第 XX 节之间的消化道去除，但要保留隔膜。这时可以看到雄性生殖器官，包括储精囊、椭圆形的精巢、很细的输精管、第 XVIII 体节腹面的 1 对雄性生殖孔和花瓣状的 1 对前列腺。还可以看到雌性生殖器官，包括：1 对位于第 XIII 体节前隔膜后壁上很小的卵巢；第 XIII 体节后隔膜上的两个喇叭状的卵漏斗；卵漏斗后接两个很短的输卵管，输卵管穿过隔膜进入第 XIV 体节，在第 XIV 体节腹神经索下方汇合，开口于第 XIV 体节的雌性生殖孔。属于雌性生殖器官的还有 2～3 对受精囊，每一个受精囊由一个盲管和一个囊组成，共同开口于前一节的受精囊孔。

④神经系统：用解剖针和镊子小心剥除咽部附近的肌肉，就可以看到第 III 节咽的上部有一个白色的咽上神经节，其两侧有围咽神经绕过咽，连接到腹面。用解剖剪将咽上神经节前的口腔剪断，以解剖针小心剥离咽上神经节与咽的黏连，然后从后端将咽抽出，若将后面的消化系统全部去掉，就可以看到完整的神经系统。在腹神经索上，每个体节都有一个膨大的神经节，由神经节发出的神经分支通到体壁和内脏器官。

五 问题与讨论

1. 蚯蚓在纸上运动比在玻璃板上快还是慢？为什么？

2. 在实验过程中，为什么要使蚯蚓的体壁始终保持湿润？

3. 归纳总结蚯蚓的运动特点。

4. 蚯蚓对刺激的反应有何特点？

答案：光刺激：在晚间，当蚯蚓出来活动时，用手电筒等强光来照射它，它会较迅速地缩回洞穴。显然，蚯蚓能感觉到光线的存在，然而，它却没有眼的构造。现代对蚯蚓的组织学研究发现，蚯蚓有许多感光细胞。每个感光细胞就是一个感光器，其内有细胞核和晶体，还有来自视神经纤维的神经原纤维形成的神经网。这种感光器在口前叶和前端八节分布较多。这就是蚯蚓对光线避强趋弱反应的感觉器，实际上它并没有视觉的功能。

5. 讨论蚯蚓消化系统、循环系统、生殖系统的结构特点；蚯蚓的形态结构和功能的统一性；蚯蚓的主要特征。

实验二十一 微生物的认识与观察

一、目的要求

证明在环境中到处都存在微生物，加深学生对微生物的认识。

二、原理

我们生活在微生物的时代，正如科学家、作家 Steven Jay Gould 强调的那样，微生物是我们星球上最早出现的生命有机体。依赖于它们的活动，微生物影响着社会的各个方面，与我们的生活息息相关。每当你喝着可口的酸奶，享用高营养的奶酪，吃着各式美味的面包或馒头，每当佳朋满座，觥筹交错时，实际上已在尽情地享受大自然中微生物给你带来的无偿恩惠。而当你感冒时，则是因为一些有害的微生物侵蚀了你的身体；但当护士给你服用或注射抗生素类药物时，你很快恢复了健康，你又得感谢微生物给你带来的福音，因为抗生素就是微生物的"奉献"。

微生物是一把"双刃剑"。只要有生命存在的任何一个角落都有微生物的踪迹，而且其数量比其他任何动植物的数量都多，其可能是地球上生物总量的最大组成部分，可以说，"微生物无处不在，无孔不入"。但是，凭借我们的肉眼却无法看到微生物。一个微生物细胞很小，我们自然看不见，但如果把上亿个细胞堆在一起，我们是否能看到呢？当然，怎样把上亿个细胞堆在一起又是一大难题。

正如动物长大后会繁殖下一代一样，微生物生长到一定阶段，也会繁殖它们的子代，而且繁殖速度很快，如大肠杆菌每 20min 可繁殖一代，由原来的一个细胞变成两个细胞，以几何级数增殖，即 2，4，8，16，32，…2^n。如果生长发育的环境条件始终维持在最佳状态，则一个大肠杆菌在 24h 内可繁殖到 2^{71} 个菌体。但事实上，由于环境条件、空间、营养、代谢产物等的影响，微生物繁殖数量受到一定限制，一般液体培养，细胞浓度仅达 $10^8 \sim 10^9$ 个/毫升。如果在固体培养基上生长，这些细胞就可以堆积在一起，我们也就可以看到了。

本实验的原理就是采用固体培养基，将不可见的单个微生物细胞培养成肉眼可见的菌落或菌苔，从而感知环境中微生物的存在。

三 材料和用品

1. 牛肉膏蛋白胨琼脂培养基。

（1）配方：牛肉膏 3g、蛋白胨 10g、NaCl 5g、琼脂 15g、水 1 000mL、pH 7.0~7.2。

（2）制备：按牛肉膏蛋白胨琼脂培养基配方称取各成分，加热溶化后，采用 1mol/L 的 HCl 或 NaOH 溶液调节 pH 至 7.0~7.2。分装于三角瓶或试管中，于 121℃灭菌 20 min。待冷却至 50℃左右，倒平板。

2. 其他器材。

记号笔（或蜡笔）、高压灭菌锅、培养箱（如受条件限制，气温为 25℃~40℃时可不需要，采用放置室内培养即可）等。

四 步骤

1. 环境微生物接种。

（1）将一块牛肉膏蛋白胨琼脂平板让学生在皿底作标记，然后移去皿盖，使琼脂培养基表面暴露在空气中，并在上方扇风，约 10 min 后，盖上皿盖。

（2）将一块牛肉膏蛋白胨琼脂平板让学生在皿底作标记，然后移去皿盖，让学生用手指在牛肉膏蛋白胨琼脂培养基表面触摸一下，然后盖上皿盖。

（3）将一块牛肉膏蛋白胨琼脂平板让学生在皿底作标记，然后移去皿盖，让学生剪约 1cm 的头发放在牛肉膏蛋白胨琼脂培养基表面上，然后盖上皿盖。

（4）将一块牛肉膏蛋白胨琼脂平板让学生在皿底作标记，然后移去皿盖，让学生用棉签擦拭实验室里的灰尘，涂布于牛肉膏蛋白胨琼脂培养基表面上，然后盖上皿盖。

2. 培养。

将所有的琼脂平板放于 37℃培养箱中，倒置（平板翻转，皿底在上）培养 1~2d。如气温高，也可以直接放置于室内 1~2d 进行培养。

五 结果与分析

观察各平板表面微生物生长情况并进行讨论。

六 问题与讨论

1. 为什么饭前便后要洗手？

2. 你还在什么场合见过微生物？

3. 你认为微生物是有益生物还是有害生物？结合日常生活，试列举一些利用或防控微生物的例子。

实验二十二 酵母发酵现象观察

一 目的要求

让学生了解酵母发酵糖产生酒精和二氧化碳的现象。

二 原理

一提起细菌和真菌，人们往往只想到它们的害处，如引起疾病和使食物变质，其实，很多细菌和真菌对人类是有利的。许多食品的制作都要利用细菌或真菌。例如酒的酿制、面包和馒头的制作。酵母可以把葡萄糖转化为酒精并产生二氧化碳，酒就是酵母发酵糖的代谢产物。制作馒头和面包时，酵母菌产生的二氧化碳会在面团形成许多小孔，当蒸制或烘烤时，二氧化碳体积膨大，使馒头或面包膨大和松软，并呈现多孔状结构。酒精则在蒸烤的过程中挥发逸出。

本实验主要让学生形象地了解酵母发酵糖产生酒精和二氧化碳的过程，加深学生对所学知识的理解。

三 材料和用品

活性干酵母、葡萄糖或蔗糖、大气球、小漏斗、烧杯、量筒、试管、面粉、恒温箱（视条件选择，室温25℃以上可不用）等。

四 步骤

（一）气球法

取大约1g的葡萄糖或蔗糖溶于5mL水中，加入约1g的活性干酵母，搅匀后用漏斗加入气球中，在气球口部打结，注意不要漏气。于28℃~30℃温度下培养20~30min，观察产气情况，并闻一闻是否有酒味形成。

注：从酵母加入水中到气球打结完毕，控制在5min内。

（二）面团浮起法

面团浮起法是利用酵母在面团中发酵产气，使面团的体积膨大，浮力增加，面团从容器底部浮到液面。

在两个烧杯中均加入 1g 葡萄糖或白砂糖，加 5mL 温水（28℃~30℃）溶解，并在其中一个烧杯中加入 1g 活性干酵母，搅拌均匀。将 2 个烧杯中的溶液分别倒入 10~20g 的面粉中，糅合均匀，分别搓成光滑的球状小面团（要求表面光滑无裂缝），再分别投入装有等量水的烧杯或量筒中（水温要求在 25℃~30℃），观察面团的浮起现象。

注：从面团糅合到将小球投入水中控制在 5min 内。当室温高于 28℃时，可不用控制温度，室温下进行即可。

（三）泡沫法

取 1g 葡萄糖或白砂糖，加 5mL 水溶解，再加入 1g 活性干酵母，混匀，然后盛装于试管或 50mL 量筒中，置于 30℃下活化 20~40min，观察泡沫的形成高度。

注：盛装容器为细长型，现象较明显。

五 问题与讨论

你吃过哪些发酵食品？

实验二十三 酒精对水蚤心率的影响

一 目的要求

通过探究酒精对水蚤心率的影响，理解酗酒对人体健康的危害，认识选择健康生活方式的重要性。

二 教学内容

1. 水蚤的采集和培养（延伸内容：水蚤的繁殖）。
2. 酒精对水蚤心率的影响。

三 材料和用品

废弃塑料瓶、显微镜、载玻片、盖玻片、吸管、95%的酒精、蒸馏水、计时器、水蚤等。

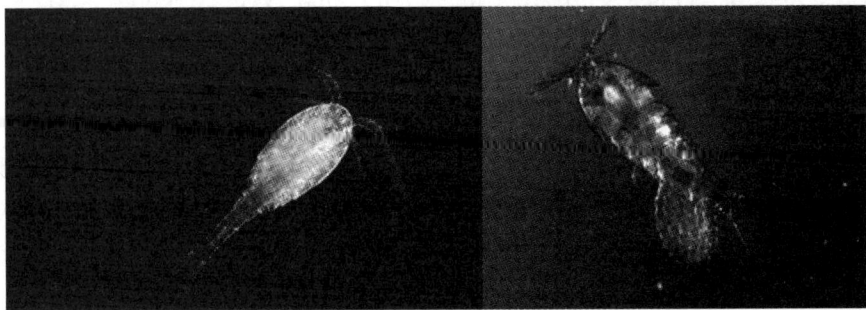

四 步骤

1. 采集和培养。

（1）采集：水蚤主要生活在小水坑、池塘、湖泊、水库等水流缓慢的水中。大型湖泊中的水蚤大多体形较小，而池塘中的体形相对较大，尤其在春季，水蚤的密度很大，体形壮硕，春末至秋初的水蚤数量较多。采集水蚤最好到水呈现绿色的池塘采集，这些池塘的水体表层分布大量的绿藻和眼虫，它们是水蚤的主要食物，因此，大量的水蚤聚集在水体表层捕食。采集时，将废弃塑料瓶放入水中，瓶口对着水面，让水慢慢流进瓶里，就可以捕获到水蚤。

（2）培养：在自然环境中，水蚤主要以细菌、酵母菌、藻类及有机物碎屑（动植物的残片）为食。人工培养水蚤，要事先准备好培养液。取 1 kg 肥土（花园或菜园的泥土）和 0.2 kg 稻草（剪成 5 cm），一起倒入大缸里，加水 10 kg，经充分搅拌后放置 3 ~ 4 天，然后用纱布过滤，滤液称为原液。取一定量的原液倒入另一只缸内，再加 2 ~ 4 倍的池水，就可制成培养液。这时就可以把少量水蚤放入培养液中，水温保持在 18℃ ~ 25℃，水蚤生长很快，会大量繁殖。在培养水蚤的过程中，要随时补加原液，以保证水蚤有足够的饲料。

在温暖的季节，水里食物丰富，水蚤一般进行孤雌繁殖。雌水蚤每次产卵几枚至几十枚，这些卵不需要受精，在母体的孵化囊里直接发育成小水蚤。这些小水蚤通常都是雌的，一只雌水蚤可以一批接一批不断生殖，产出的小水蚤成长后又同样生殖下一代。这种孤雌生殖方式使水蚤能在短时间内大量繁殖。为了证明水蚤进行孤雌生殖，可以将采集到的水蚤单独分离，每一个塑料瓶只放一只水蚤，当水蚤繁殖第一代小水蚤后，马上将小水蚤分离单独培养，小水蚤成熟后又产下第二代水蚤。因实验过程中，水蚤没有受精的机会，因此可以证明水蚤是孤雌生殖的。水蚤孤雌生殖实验是《生物学》第七单元第一章"生物的生殖和发育"内容的延续和非常好的补充。该实验的材料非常简单，只需准备一些废弃的塑料瓶、一根吸管和按上面方法配制的营养液即可，真正做到低成本、简单化。实验前可多提出几个有探究价值的问题，如"水蚤的繁殖周期多长"、"水蚤的母本与子代的基因是否一致"等。这样，可以让学生积极地探究生物的生殖、发育和遗传方面的知识，达到一石三鸟的效果，加深学生对第七单元知识的认识。

水蚤的采集和培养（包括繁殖）可以在讲授第七单元第一章"生物的生殖和发育"时，让学生按上面方法在课外进行实验。当讲授到第八单元第三章探究实验"酒精对水蚤心率的影响"时，学生对水蚤已有充分认识，并且已培养了大量同一基因型的水蚤子代，使实验结果更有说服力。

2. 酒精对水蚤心率的影响。

实验前可以展示水蚤的挂图，先让学生确认其心脏的位置，然后继续活体观察，在低倍显微镜下观察水蚤，首先区分头部和躯干部（末端有明显的壳刺），再分背腹面，在水蚤背部中央偏靠近头部的地方有一个呈白色甚至透明的圆的跳动着的部位，那就是心脏。

（1）酒精溶液配制：把体积分数为 95% 的酒精配成浓度分别为 5%、10%、15%、20% 的酒精溶液。

（2）实验与观察：①用吸管吸取 1 只水蚤放在载玻片上，滴加蒸馏水，轻轻盖上盖玻片，在显微镜下观察水蚤心脏在 10s 内跳动的次数，测 3 次并作记录。②用吸水纸吸干水蚤周围的水，再将体积分数为 5% 的酒精滴加在载玻片上，观察和记录水蚤心脏在 10s 内跳动的次数。③另取 3 只水蚤，按步骤②同样的方法分别观察水蚤在体积分数为 10%、15%、20% 的酒精溶液中心跳的次数，并作好记录。实验用 4 只同等大小的成年水蚤，每只水蚤每次计数都要重复 3 次，取平均值，以确保数据的可靠，将实验结果记录在表 1 中。

表 1   酒精对水蚤心率的影响

在 10s 内跳动的次数	清水	5% 的酒精	10% 的酒精	15% 的酒精	20% 的酒精
第一次					
第二次					
第三次					
平均值					

五 》问题与讨论

酒精对水蚤的心率有影响吗？如何选择健康的生活方式？

答案：酒精对水蚤的心率有影响，随着酒精浓度的增大，水蚤的心跳次数逐渐减少。酗酒危害健康。（各小组分析实验的成功与不足，讨论酗酒的危害）

高中生物学实验

实验一 用显微镜观察多种多样的细胞

一 目的要求

1. 使用高倍显微镜观察几种细胞，比较不同细胞的异同点。
2. 学习制作不同细胞的临时装片。

二 原理

利用光学显微镜的放大作用，观察不同细胞的形态。

三 教学内容

光学显微镜的重要结构及功能：

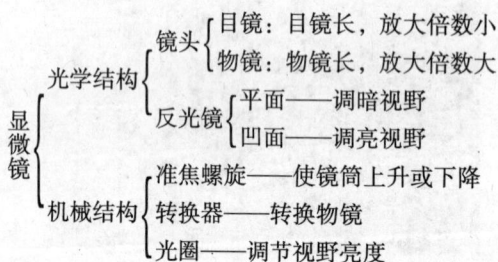

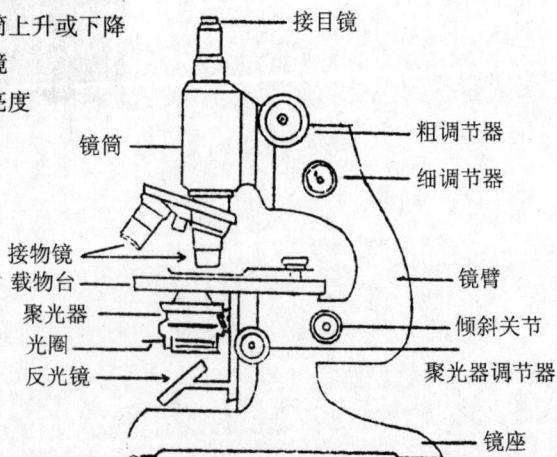

（视频：显微镜的使用方法，http://www.tudou.com/programs/view/pLU7v3Z22CE/）

四 材料和用品

1. 观察材料：洋葱（或菠菜、草履虫、鸡血、酵母菌、青霉菌、乳酸菌）。
2. 用具：显微镜、载玻片、盖玻片、镊子、滴管、清水。（如果实验过程中需要染色，应准备常用的染色液）

五 步骤

1. 显微镜使用的一般程序：取镜→安放→对光→压片→调焦→低倍镜观察。
2. 用高倍镜观察的一般程序：低倍镜下找到清晰物像→将要观察的物像移到视野中央→转动转换器，换上高倍镜→调节细准焦螺旋，直到物像清晰。

显微镜的使用方法如下：

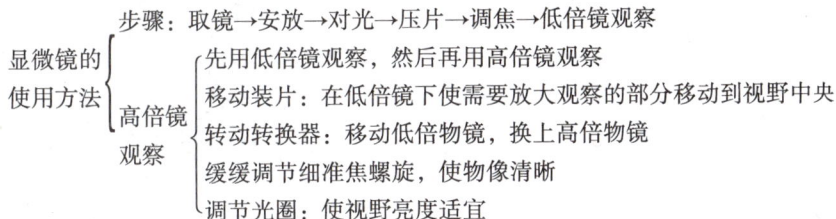

显微镜的
使用方法
  步骤：取镜→安放→对光→压片→调焦→低倍镜观察
  高倍镜
  观察
    先用低倍镜观察，然后再用高倍镜观察
    移动装片：在低倍镜下使需要放大观察的部分移动到视野中央
    转动转换器：移动低倍物镜，换上高倍物镜
    缓缓调节细准焦螺旋，使物像清晰
    调节光圈：使视野亮度适宜

【说明】为了说明细胞是构成生物体的基本单位，教材应设置植物、动物和微生物等多种实验材料，让学生通过显微镜对这些材料进行观察，从而理解细胞的多样性和统一性。因此，本实验中实验材料的选择和培养是一个重要的方面。下面提供洋葱、菠菜、草履虫、鸡血、酵母菌、青霉菌、乳酸菌等多种实验材料，介绍其获取、培养和观察的方法，以供广大师生选用。

（1）洋葱。

将洋葱根部向下放在盛有清水（或沙培）的培养皿中，于阳光照射处放置1~2天，取洋葱外表皮制成临时装片进行观察，显微镜下可见外表皮呈淡紫色，且细胞核明显。

（2）菠菜。

选新鲜的菠菜叶，在下表皮处（下表皮气孔数量多）用刀片划一个小口，沿着小口用镊子撕下一小块表皮，制成临时装片。

（3）草履虫。

收集捆菜用的稻草或草绳，选取稻草根处的材料并剪成约3cm长，将若干剪好的稻草放入一个大烧杯中，加入清水至烧杯的2/3处，烧杯口用透气的纱布封好，在25℃~30℃的室温下或者在30℃左右的恒温培养箱中放置5~6天，就可培养出大量的草履虫。如果室温低，可以适当延长培养时间。实验时可直接取培养液制作临时装片进行观察，或者在载玻片上加少许棉花丝，并将制作好的临时装片用滤纸吸去多余的水分，这样可以减缓草履虫的运动，观察时会更清晰些。

（4）鸡血。

首先在新鲜鸡血中加入抗凝剂（如草酸盐或柠檬酸钠）备用，实验前用生理盐水稀释鸡血溶液，取稀释后的溶液制成临时装片进行观察。

（5）酵母菌。

在超市购买发面用的高活性干酵母，取少量的干酵母放入小烧杯中，加入20mL清水，溶解、混匀后放置5min，即可直接用于制作临时装片进行观察。

如果细胞核观察不清楚，可用碘液进行染色。如果在上述配制好的酵母液中加入少许蔗糖，于25℃左右的室温下放置15～20min后，即可在显微镜下观察到酵母菌的出芽生殖。

（6）青霉菌。

将熟透的橘子放在塑料袋中，放置一段时间就可长出青霉菌。取材时，在长有青霉菌的橘皮基部用镊子夹取少许制成临时装片。如仅夹取端部，则可能只看到孢子而看不到菌丝。

（7）乳酸菌。

用牙签直接取少许购买的食用酸奶，置于载玻片上的一滴清水中，混匀，制成临时装片进行观察。

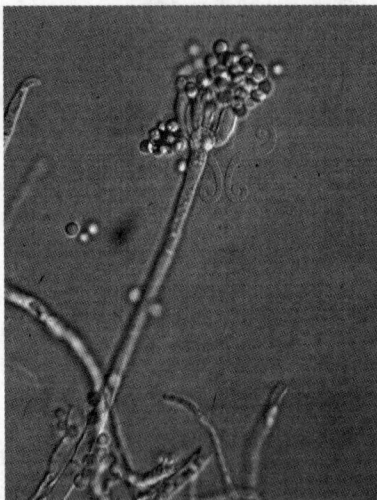

图 1 - 1　显微镜下的青霉菌

六　结果与分析

1. 实验的心得：必须按照正确的程序使用显微镜，养成良好的操作习惯。学生感觉最难的是对焦距和找细胞，在对焦距时要耐心，同时细微地移动装片，这样能更容易找到细胞，因为人对移动的视野比较敏感。

2. 可以通过观察多种细胞的形态来了解细胞结构的多样性，同时也可学习多种临时装片的制作方法。

七　问题与讨论

1. 制作植物和动物临时装片时用的水都是清水吗？如果不相同，你知道其中的原理吗？

答案：做植物细胞临时装片时用的是清水，而做动物细胞临时装片时则用生理盐水，因为植物细胞最外层有细胞壁，植物细胞吸水后不会胀破，而动物细胞则会吸水胀破。

2. 如何区别细胞与气泡？

答案：细胞有一定的形态，不同细胞的形态各不相同；气泡则是规则的圆形，看起来是一个四周为黑色、中央光亮的圆圈。

3. 显微镜的成像特点是什么？如何把左上方的图像移至视野中央？

答案：显微镜下所成的像是倒立的放大的虚像；要把左上方的图像移至视野中央，应该把装片向左上方移动即"偏哪移哪"。

4. 放大倍数指的是物体的宽度或长度还是面积或体积的放大倍数？

答案：放大倍数指的是物体的宽度或长度的放大倍数，而不是面积或体积的放大倍数。

5. 如何比较低倍物镜和高倍物镜下所观察的不同情况？

答案：见下表：

	低倍镜时	高倍镜时
镜头与装片的距离	远	近
所看到细胞的数目	多	少
所看到细胞的大小	小	大
视野的明暗	明	暗
视野的广度	宽广	狭窄

八 创意自评

本实验设置了植物、动物和微生物等多种实验材料，并且各种实验材料的制备都比较简单，在帮助学生理解细胞的多样性和统一性的同时，也能增强学生的动手能力。

实验二 检测生物组织中还原糖、脂肪和蛋白质

一、目的要求

尝试用化学试剂检测生物组织中糖类、脂肪和蛋白质。

二、原理

糖类中的还原糖（如葡萄糖、果糖等）能与斐林试剂发生作用，生成砖红色沉淀；脂肪可以被苏丹Ⅲ染液染成橘黄色（或被苏丹Ⅳ染液染成红色）；蛋白质与双缩脲试剂发生作用，产生紫色反应。

三、教学内容

各个反应出现的颜色变化及原因如下：

1. 用斐林试剂检测还原糖的实验。

因先加入刚配制的 $Cu(OH)_2$ 溶液，故溶液变成浅蓝色；加热后，部分 $Cu(OH)_2$ 被还原成砖红色的 Cu_2O 沉淀，两者混合，故溶液呈现棕色；随着反应的继续进行，$Cu(OH)_2$ 被全部还原成 Cu_2O，故溶液转变为砖红色。颜色变化为：浅蓝色→棕色→砖红色（沉淀）。

2. 用双缩脲试剂检测蛋白质的实验。

加入双缩脲试剂 A 液，溶液为无色；加入双缩脲试剂 B 液，因有 $Cu(OH)_2$ 生成，故呈现浅蓝色；振荡均匀后，由于反应的进行，出现紫色的络合物。颜色变化为：无色→浅蓝色→紫色。

四、材料和用品

1. 实验材料：苹果匀浆、葡萄、马铃薯匀浆；花生种子、花生种子匀浆；豆浆、鸡蛋清。

2. 仪器：双面刀片、试管（最好用刻度试管）、试管架、试管夹、大小烧杯、小量筒、滴管、酒精灯、三脚架、石棉网、火柴、载玻片、盖玻片、毛笔、吸水纸、显微镜。

3. 试剂：斐林试剂、苏丹Ⅲ染液或苏丹Ⅳ染液、双缩脲试剂、体积分数为50%的酒精溶液、碘液、蒸馏水。

五 步骤

1. 还原糖的检测。

选材：含糖量较高，白色或近于白色的植物组织（白色的苹果和梨）
↓
制备组织样液：洗涤、去皮、切块 → 研磨 → 过滤（用一层纱布）→ 收集滤液
↓
检测（斐林试剂的甲液和乙液混合均匀后使用）
↓
结论：生物组织中含有还原糖

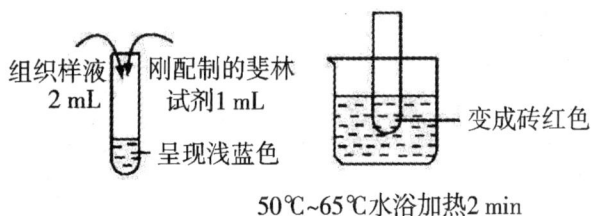

50℃~65℃水浴加热2 min

【说明】葡萄含有葡萄糖等还原糖，四季都有，葡萄剥皮后，用手将葡萄放在小烧杯壁挤压，获得的果汁不用过滤，将葡萄汁稀释一倍后，加斐林试剂后水浴加热，效果很明显。

2. 脂肪的检测。

取材：花生种子（浸泡3~4h），将子叶切成薄片

制片
①取得理想的最薄的切片放于载玻片上
②在薄片上滴2~3滴苏丹Ⅲ染液（染色3min，如用苏丹Ⅳ染液，染色1min）
③去浮色：用吸水纸吸去薄片周围的染液，在薄片上滴加1~2滴体积分数为50%的酒精溶液
④制作临时装片

观察：在低倍镜下找到已着色的花生子叶最薄处，然后用高倍镜观察
↓
结论：生物组织中含有脂肪

【说明】

对"脂肪的鉴定"实验进行了改进，介绍如下：

方法一：已知脂肪——植物油的预测

取一表面皿或培养皿，加入少量清水，滴入 1～2 滴植物油，使之浮于水面，呈较大的圆满状。然后在水中加入几滴苏丹Ⅲ染液（苏丹Ⅲ的用量视水的多少而定。如果水多，可多加几滴，油滴染色会更深些），轻轻摇动表面皿，可见苏丹Ⅲ进入油滴。十几分钟后，观察油滴被染成橘黄色，水呈淡黄色，说明脂肪能够被苏丹Ⅲ染成橘黄色。

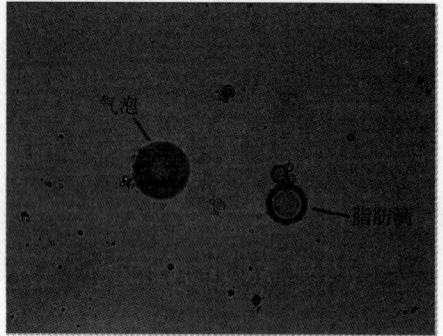

图 2-1 被苏丹Ⅲ染液染成橘黄色的脂肪

方法二：纸吸附法鉴定脂肪

取花生（或蓖麻、大豆）种子，剥去种皮，放在一张白纸上，用解剖刀背压榨。拨去压碎的种子，拿起纸对着光线仔细观察，看纸上是否有透明发亮点。然后用选择的鉴定试剂滴于透明发亮处和纸上另一处（任选一处，但要与透明发亮处隔开）。观察并比较两处颜色。透明发亮处被染成橘黄色，证明它是脂肪物质，说明生物种子中含有脂肪物质。

方法三：涂片法鉴定脂肪

只需用刀片在花生断面上轻轻刮取一些粉末，做成涂片，经过染色后，在显微镜下很容易找到被染成橘黄色的脂肪颗粒。

3. 蛋白质的检测。

选材与制备组织样液：黄豆（浸泡 1～2d 后研磨成黄豆浆）

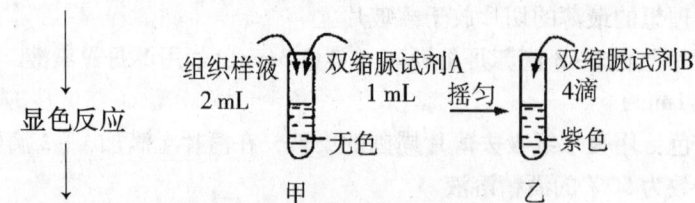

显色反应
↓

组织样液 双缩脲试剂A   双缩脲试剂B
2 mL   1 mL   摇匀   4滴

无色   紫色

甲   乙

结论：生物组织中含有蛋白质

【说明】在制备生物组织样液时，用鸡蛋清代替豆浆的优点有：一是简单、效果好；二是成本低廉。配制中，取生鸡蛋一个，用镊子轻轻敲破一小块蛋壳，将蛋清倒入烧杯中，倒入时多转动鸡蛋，以防止蛋黄流入，再加水稀释即可。

六 结果与分析

三个实验的显色效果都很好，问题是要尽量使实验简单化，可从实验材料、方法、步骤等方面加以改进。例如，需要水浴加热 2min，则要求提前准备好热水加温，以减少实验时间等。

七 问题与讨论

1. 在做还原糖与蛋白质检测的实验时，在检测前，为什么要留出部分样液？

答案：虽然本实验是验证性实验，但也要注意对照。在检测还原糖和蛋白质时留出

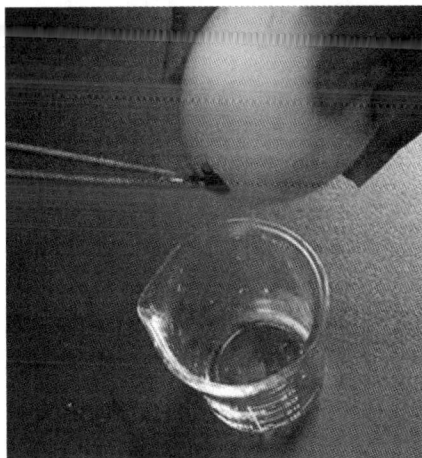

图 2-2　用鸡蛋清制备生物组织样液

一部分样液，以便与检测后样液的颜色变化作对照，这样可以提高实验的可信度。

2. 蛋白质为什么要稀释？

答案：制备蛋白质稀释液主要是为了避免蛋白质与双缩脲试剂反应后的产物附着在试管壁上，使反应不彻底，且不易洗刷试管。

3. 斐林试剂为何要现配现用？使用斐林试剂检测时，为何不能先加入 NaOH 溶液，后加入 $CuSO_4$ 溶液，而必须混合后再加入？

答案：因为斐林试剂很不稳定，容易生成蓝色的 $Cu(OH)_2$ 沉淀，所以应将甲液与乙液分别配制储存，且现配现用。若先加入 NaOH 溶液，还原糖中的还原性半缩醛羟基易被氧化而失去还原性，再加入 $CuSO_4$ 溶液后不能产生砖红色的 Cu_2O 沉淀，只有将其先配制成 $Cu(OH)_2$ 溶液，才能与还原糖反应产生砖红色的沉淀。

4. 在使用双缩脲试剂时，为什么要先加入试剂 A 液，后加入试剂 B 液？加入试剂 A 液后，为什么只能加入几滴双缩脲试剂 B 液，而不能加入过量？

答案：先加入试剂 A 液，造成碱性环境，因为只有在碱性环境中，蛋白质才容易与 Cu^{2+} 发生颜色反应。若加入过量的双缩脲试剂 B 液，$CuSO_4$ 在碱性溶液中将生成大量的蓝色 $Cu(OH)_2$ 沉淀，会遮盖实验中所产生的紫色，影响观察结果。

八 创意自评

1. 增加了已知脂肪的预测。该实验不用显微镜，无须制作切片、装片，操作较简单易行，节省时间。

2. 对实验进行大规模的改进，缩短实验的时间，提高实验的趣味性和实用性；把原来的验证性实验变成由学生自主探究的实验，让学生带着任务去完成，

从而激发学生的学习兴趣，提高学生的学习热情。

【改进方法一】

在"可溶性还原糖的鉴定"实验中，教材要求学生自己用酒精灯加热来观察现象。采用这种方法加热，耗时长且加热效果不理想，由于加热强度不够，导致还原糖与斐林试剂发生氧化还原反应而产生的 Cu_2O 很少，使实验现象（出现砖红色沉淀）不明显，甚至有的组根本没有出现实验现象。我们改用把各组试管集中起来，统一在沸水浴锅中加热，则加热效果很好，实验现象也非常明显。

在"脂肪的鉴定"的实验中，脂肪的鉴定需要做切片。要求刀口向内，与花生断面平行，以均匀的动作，自左前方向右后方快速拉刀，滑行切片，如此连续动作，切下一些薄片（最薄处最好只有 1~2 层细胞）。这种操作技术对学生要求很高，即使有些同学动作符合要求，切下来的薄片也很厚。有些学生怕切到手，干脆像切菜一样，切出的薄片就更厚了，实验基本失败。有两个办法解决这个问题。第一个方法还是做切片，但选用的是双片刀片。把两片刀片合并在一起进行切片，这样，在两片刀片之间就很容易得到薄片。但还是有些学生怕切到手，不敢做，建议为学生每人准备一小段胶皮管，大约 3cm 长，沿管用剪子将其剪开。在做徒手切片实验时，让学生把它套在食指的指肚一侧，这样，取材时可以避免学生切伤手指；同时，由于有保护措施，学生也敢于大胆操作。第二个方法改做涂片，学生只需用刀片在花生断面上轻轻刮取一些粉末，做成涂片，经过染色后，在显微镜下很容易找到被染成橘黄色的脂肪颗粒，使得实验能够顺利进行。

教材中给出的实验药品是苏丹Ⅲ染液，染色时间为 2~3min，实验现象是橘黄色。但市场上不容易购到苏丹Ⅲ，但容易购到苏丹Ⅳ染液，如果用苏丹Ⅳ染液，由于后者与脂肪的亲和力更强，染色时间比较短，一般为 2~3min，实验现象为红色。

【改进方法二】

牛奶中还原糖、脂肪、蛋白质的鉴定实验

一》目的要求

1. 培养学生学会探究生活中自己感兴趣的生物现象。
2. 学生学会还原糖、脂肪、蛋白质三种物质的鉴定的原理和方法。
3. 培养学生探究能力和创新能力。
4. 培养学生知识迁移和应用解决实际问题的能力。

二 原理

1. 还原糖的检测：斐林试剂（质量浓度为 0.1g/mL 的 NaOH 溶液和质量浓度为 0.05g/mL 的 $CuSO_4$ 溶液），两者混合后，立即生成浅蓝色的 $Cu(OH)_2$ 沉淀。$Cu(OH)_2$ 与加入的还原性糖在加热的条件下，能够生成砖红色的 Cu_2O 沉淀。市场上的液态牛奶中含有葡萄糖和乳糖（由葡萄糖 + 半乳糖构成）是一种醛糖，所以能用斐林试剂进行鉴定。

2. 脂肪的检测：脂类物质可被苏丹Ⅲ染液染成橘黄色颗粒。牛奶中的奶油和维生素 D 等是含量丰富的脂类物质，可以用苏丹Ⅲ染液进行鉴定。

3. 蛋白质的检测：双缩脲试剂（0.1g/mL 的 NaOH 和 0.01g/mL 的 $CuSO_4$）在碱性环境中能和 $CuSO_4$ 结合生成红紫色的络合物，牛奶中富含酶、磷蛋白等蛋白质，其中肽链中的肽键能在 NaOH 溶液中与 $CuSO_4$ 稀溶液（1%）产生紫色，因而证明蛋白质存在。

三 材料和用品

市场销售的液态牛奶、试管、试管架、0.1g/mL 的 NaOH、0.01g/mL 的 $CuSO_4$、0.05g/mL 的 $CuSO_4$、水、花生、肥猪肉、葡萄糖、烧杯、滴管等。

四 步骤

（一）实验课前布置实验任务

现有一瓶市场销售的液态牛奶，请学生通过实验来探究牛奶中是否含有说明书中所说的糖、蛋白质、脂肪三类成分。具体方法和原理从课本实验中学习。在课前布置任务，让学生带着任务预习实验原理并思考实验方法。

（二）实验过程

1. 还原性糖实验。

（1）实验原理：市场的液态牛奶中可能会含有葡萄糖和乳糖，葡萄糖是一种还原性糖，而乳糖也是一种醛糖（由葡萄糖 + 半乳糖构成），能还原斐林试剂中的 Cu^{2+} 产生砖红色 Cu_2O 沉淀。

（2）实验过程：

①取 3 支试管，编号为 1、2、3 并分别加进 1mL 的水、葡萄糖、牛奶；

②取新配制好的斐林试剂，在每支试管中加入 1mL 斐林试剂摇匀；

③将三支试管进行水浴加热约 30s；

④观察并记录现象（装水的试管呈黑色，装葡萄糖和牛奶的呈砖红色，其中牛奶的砖红色淡于葡萄糖）。

2. 脂肪实验。

（1）实验原理：牛奶中有含量丰富的脂类物质，它们可被苏丹Ⅲ染液染成橘黄色颗粒。

（2）实验过程：

①取过滤纸一片，等距编号：1 水、2 肥猪肉、3 花生、4 牛奶；

②分别在相应位置滴加 2 滴水、按压肥猪肉、按压花生子叶、滴加 2 滴牛奶；

③干后分别滴加 2 滴苏丹Ⅲ于 4 处，染色 3min；

④观察并记录现象（水显红色；肥猪肉、花生、牛奶显橘黄色，其中牛奶的颜色浅）。

3. 蛋白质实验。

（1）实验原理：液态奶中富含蛋白质，其中肽链中的—CO—NH—能在 NaOH 溶液中与 $CuSO_4$ 稀溶液产生紫色，因而证明蛋白质存在。

（2）实验过程：

①取 2 支试管，编号为 4、5，分别注入约 1mL 试管水、牛奶；

②再分别注入 1mL 试管双缩脲试剂 A 液，摇匀；

③再分别向试管中加入 3~4 滴双缩脲试剂 B 液，摇匀；

④观察并记录现象（装水的试管呈浅蓝色，装牛奶的试管呈紫色）。

五 结果与分析

液态奶中确实存在还原糖、脂肪和蛋白质。

六 问题与讨论

1. 让学生总结三种物质的鉴定方法，并指出如果检验生物组织中的三种物质应该怎么处理。

2. 继续拓展实验，比如讲解婴儿长期食用劣质奶粉，因营养不良造成水肿而出现大头症状，再展示安徽阜阳劣质奶粉导致的大头娃娃事件，三聚氰胺奶粉事件等；然后让学生从劣质奶粉的组成上探究其到底缺少什么成分而造成大头娃娃的现象。

3. 指导学生课后以小课题形式探究生活中感兴趣、想探究的材料。

七 创意自评

检测生物组织中的还原糖、脂肪和蛋白质的实验，是高中新课标教材中的第二个实验。初中实验以形态解剖学实验为主，高中实验以生物化学实验为主，这

↑实验实现了这种内容的转变。由于是高中阶段的第一个生化实验，学生的期望值和积极性极高。但原实验不但需要苹果、花生和鸡蛋三种比较难加工的实验材料，且实验内容多，时间长，容易导致学生做实验时很匆忙或者实验效果不理想，从而打击学生的信心。同时，也让学生没有时间去考虑实验是为了什么，从而剥夺了学生的质疑权利，违背了我们设定实验的初衷。原实验中有一些值得改变的问题：

1. 需要水浴加热 2min。要求提前准备好热水加温，否则会耽误很多时间。

2. 没有对照实验。没有对照怎么能证明水浴加热后的砖红色沉淀就是还原糖还原而成，为什么不可能是 $Cu(OH)_2$ 自身分解产生的呢？

3. 脂肪鉴定实验中，显微镜的操作、子叶切片都需要很长时间。特别是对于才进高中的学生而言，要求所有的学生都能熟练掌握徒手切片技术和使用显微镜技术也不现实。

4. 在学生对生物染色剂的染色特性了解不深的情况下，很难指出显微镜下哪些黄色或红色的东西就是脂肪。不如改进后的实验直观。

因此，我们对实验进行大规模的改进，缩短实验的时间，提高实验的趣味性和实用性；把原来的验证性实验变成由学生自主探究的实验，让学生带着任务去完成实验，从而提高了学生的积极性和学习热情。

实验三 观察 DNA、RNA 在细胞中的分布

一、目的要求

初步掌握观察 DNA 和 RNA 在细胞中分布的方法。

二、原理

甲基绿使 DNA 呈现绿色，吡罗红使 RNA 呈现红色。

三、教学内容

DNA 主要分布在细胞核内，线粒体、叶绿体内也含有少量的 DNA。RNA 主要分布在细胞质中，包括线粒体、叶绿体和核糖体中。

四、材料和用品

1. 实验材料：白色洋葱或人的口腔上皮细胞。

2. 器具：刀片、镊子、滴管、载玻片、盖玻片、纸巾、显微镜、大烧杯、小烧杯、酒精灯、火柴。

3. 试剂：0.9% 的 NaCl 溶液、清水、甲基绿、吡罗红、1% 的 $NaHCO_3$ 溶液、8% 的 HCl。

五、步骤

1. 制片。

①在洁净的载玻片上滴一滴质量分数为 0.9% 的 NaCl 溶液。

②用消毒的牙签在漱净的口腔内侧壁上刮取口腔碎屑，在载玻片液滴中涂几下。

③点燃酒精灯，将上述装片烘干。

2. 水解。

①在小烧杯中加入 30mL 质量分数为 8% 的盐酸，将烘干的载玻片放入小烧杯中。

②在大烧杯中加入 30℃ 的温水。

③将盛有盐酸和载玻片的小烧杯放在大烧杯中保温 5min。

3. 冲洗。

用蒸馏水的缓水流冲洗载玻片 10s。

4. 染色。

①用吸水纸吸去载玻片上的水分。

②将吡罗红甲基绿染色剂滴 2 滴在载玻片上，染色 5min。

③吸去多余的染色剂，盖上盖玻片。

5. 观察。

①用低倍显微镜观察：选择染色均匀、色泽浅的区域，移至视野中央，将物像调节清晰。

②换用高倍显微镜观察：调节细准焦螺旋，观察细胞核和细胞质的染色情况。

【说明】 新课标教材"分子与细胞中"中"观察 DNA 和 RNA 在细胞中的分布"这一实验效果不理想，核内的 DNA 很难被染料染成实验预期中的绿色。实验失败的原因在于实验前的酸处理对染色效果的影响以及 DNA 结构的影响。

首先，口腔上皮细胞在酒精灯火焰上烘烤已经是死细胞，细胞膜选择透过性丧失，8% 的 HCl 处理意义不大。其次，按教材实验步骤用 HCl 处理 5min 后用蒸馏水冲洗 10s，这很可能使细胞内的 HCl 得不到彻底清除因而改变了吡罗红染色剂的 pH，使染色效果不明显。

【改进方法】

方法一：制作口腔上皮细胞临时装片，用酒精灯火焰烘干后直接染色，以避免 HCl 带来的影响。

方法二：用洋葱鳞叶表皮细胞替代人口腔上皮细胞，对这一实验进行了改进，实验设计如下：

在洁净载玻片上滴加 8% 的 HCl 1 滴

↓

将小块洋葱鳞叶表皮置于液滴中浸泡 5min

↓

反复用 1% 的 $NaHCO_3$ 溶液清洗材料 3 次

↓

用吸水纸将载玻片上液滴吸干

↓

滴加 1 滴吡罗红甲基绿试剂染色 5min 后，在显微镜下观察染色效果结果表明，8%的 HCl 能够增加活的洋葱鳞叶表皮细胞的细胞膜通透性，但细胞内残留的少量 HCl 会影响染色剂的染色效果。因此建议 HCl 处理后，使用 1%的 NaHCO₃ 溶液中和残留的 HCl，以免对染色造成不良影响。

使用 HCl 处理时，一定要注意处理时间不宜过长，以免 HCl 进入细胞核内对 DNA 结构造成破坏，并在 HCl 处理后及时用 NaHCO₃ 溶液中和残留的 HCl，从而避免残留在细胞内的少量 HCl 改变 pH 值，影响染色剂发挥作用。

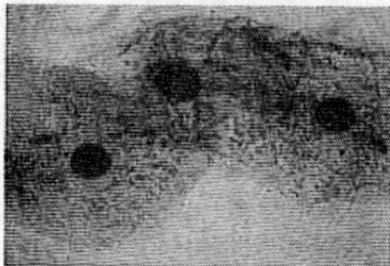

图 3-1　人的口腔上皮细胞中
DNA、RNA 分布的状况

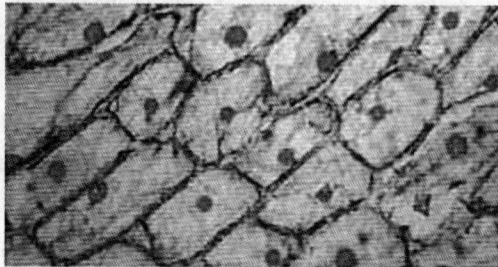

图 3-2　洋葱鳞片叶内表皮细胞中
DNA、RNA 分布的状况

六　结果与分析

细胞核区域染成绿色，细胞质区域染成红色，说明 DNA 主要分布在细胞核中（线粒体和叶绿体中也含有少量的 DNA），RNA 主要分布在细胞质中。

七　问题与讨论

1. 0.9%的 NaCl、8%的 HCl 在实验中的作用是什么？

答案：0.9%的 NaCl 溶液：保持口腔上皮细胞的正常形态。8%的 HCl：改变细胞膜的通透性；使染色体中的 DNA 与蛋白质分离，有利于染色。

2. HCl 处理后为什么要用蒸馏水冲洗？

答案：不洗去 HCl，会改变染色剂的 pH 值，影响染色的效果。

3. 能不能选择哺乳动物成熟的红细胞作为实验材料？为什么？

答案：不能。因为哺乳动物成熟的红细胞没有细胞核，也没有线粒体等细胞器，观察不到 DNA 和 RNA 的分布，因此不能作为实验材料。

八　创意自评

1. 制作口腔上皮细胞临时装片，用酒精灯火焰烘干后直接染色，以避免 HCl 带来的影响，使实验更简单易操作。

2. 本实验选材更为广泛，不再局限于人的口腔上皮细胞，白色洋葱或其他成熟的植物细胞皆可进行观察。

实验四 》用高倍显微镜观察线粒体和叶绿体

一 》目的要求

使用高倍显微镜观察叶绿体、线粒体的形态和分布。

二 》原理

植物的绿色部位细胞内含有叶绿体，可以在显微镜下直接观察。线粒体无色，可以用健那绿染色。健那绿是一种活细胞染色剂，线粒体在健那绿染液中可以维持数小时的活性。

三 》教学内容

叶肉细胞中的叶绿体散布在细胞质中，呈现绿色、扁平的椭球形或球形，是植物进行光合作用的场所。线粒体普遍存在于植物细胞和动物细胞中，形态多样，有短棒状、圆球状、线形、哑铃形等，是细胞进行有氧呼吸的主要场所。

四 》材料和用品

1. 实验材料：新鲜的藓类叶片（或菠菜叶、黑藻叶）、人的口腔上皮细胞。

2. 器具：镊子、滴管、载玻片、盖玻片、吸水纸、显微镜、刀片、消毒牙签。

3. 试剂：0.9%的 NaCl 溶液、清水、健那绿染料。

五 》步骤

1. 观察叶绿体：制作苔藓叶片临时装片→低倍镜下找到叶片细胞→高倍镜下观察。

①制作装片：在洁净的载玻片中央滴一滴清水。用镊子取一片藓类的小叶，或者取菠菜叶稍带些叶肉的下表皮，放入水滴中，盖上盖玻片。

②观察叶绿体：将制作好的叶片临时装片放在低倍显微镜下观察，找到叶片细胞后，换用高倍显微镜，仔细观察叶片细胞中叶绿体的形态和分布。

2. 观察线粒体：取材→染色→制片→低倍镜下找到口腔上皮细胞→高倍镜下观察。

①制作装片：在洁净的载玻片中央滴一滴健那绿染液。用消毒牙签在自己漱净的口腔内侧壁上轻轻地刮几下，把牙签上附有碎屑的一端放在染液中涂抹几下，盖上盖玻片。

②在高倍显微镜下观察经过染色的人的口腔上皮细胞临时装片。

【说明】教材建议的实验材料是藓类和菠菜，这两种实验材料比较难获取，且受季节限制，而韭菜是比较理想的实验材料，具体实验步骤如下：选取绿色饱满、新鲜的，最好是露生的韭菜叶片，用刀片在叶背面横切一下，用镊子从该处撕取下表皮，用刀片取稍带绿色叶肉的一小段，放于载玻片的清水滴中，盖上盖玻片在低倍镜下找到装片上叶肉细胞重叠少，即颜色稍浅的部分，此处容易观察到叶绿体（叶绿体主要分布在叶肉细胞边缘），再换高倍镜观察。

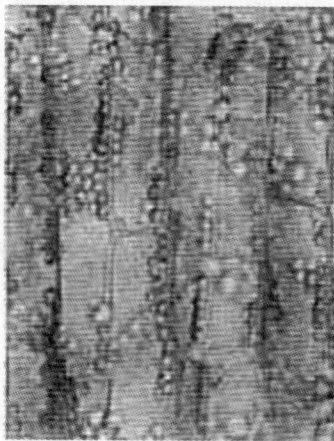

图4-1　高倍显微镜下的叶绿体

六　结果与分析

叶绿体有绿色的色素，在显微镜下能清楚地观察到其形态，同时，由于叶绿体在细胞内不是静止的，在一定参照物下，可观察到叶绿体随着细胞质的流动而运动；线粒体无色，能被健那绿染液染成蓝绿色。

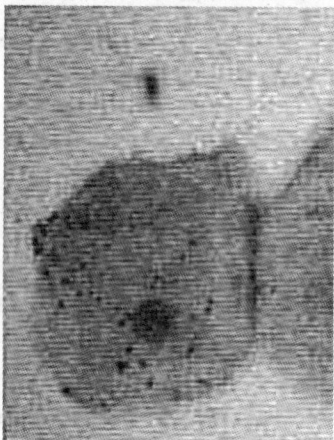

图4-2　高倍显微镜下的线粒体

七　问题与讨论

1. 能不能用藓类等植物的叶片作为观察线粒体的实验材料？

答案：健那绿染液将线粒体染成蓝绿色，与叶绿体颜色相近，难以辨认和观察，因此观察线粒体不宜选用绿色植物叶肉细胞。

2. 为什么用健那绿染液作为观察线粒体的染色剂？

答案：健那绿是一种碱性染料，可以专一性地对线粒体进行染色。与线粒体内的细胞色素氧化酶系发生作用时，染料始终保持氧化状态，呈蓝绿色；而线粒体周围的细胞质中的染料被还原为无色的状态。

3. 细胞中的叶绿体和线粒体的共同特点是什么？

答案：都有双层膜结构，都有 DNA，都与能量转换有关。

八》创意自评

用韭菜做实验材料的好处是取材容易，不受季节限制，且观察到的叶绿体多而清晰。

实验五 》 探究植物细胞的吸水和失水

一 》 目的要求

通过实验，让学生了解植物细胞吸水和失水的现象和原理。

二 》 原理

成熟（有明显的大液泡）的植物细胞能够与外界溶液组成一个渗透系统，通过渗透作用吸水或失水。

三 》 教学内容

细胞失水和吸水的原理。

四 》 材料和用品

1. 实验材料：紫色洋葱。
2. 器具：刀片、镊子、滴管、载玻片、盖玻片、吸水纸、显微镜。
3. 试剂：清水、质量浓度为 0.3g/mL 的蔗糖溶液。

五 》 步骤

```
      ┌ 制作洋葱鳞片叶表皮临时装片
      │ 显微镜观察 ┌ 低倍找像
      │            └ 高倍观察
      │ 引流法：用 0.3g/mL 蔗糖溶液浸泡标本
步骤 ─┤ 高倍镜观察 ┌ 液泡逐渐变小，紫色变深
      │            └ 原生质层与细胞壁逐渐分离
      │ 引流法：清水浸泡标本
      │ 高倍镜观察 ┌ 液泡逐渐变大，紫色变浅
      └            └ 分离的质壁逐渐复原
```

【说明】

（1）选材：选取紫色洋葱鳞片叶外表皮。其细胞液为紫色，在显微镜下与无色透明的细胞壁容易区分，观察到的质壁分离和复原效果明显。另外，取新鲜水绵、紫鸭跖草叶、南瓜表皮也可以做这个实验。

在实验选材上，可从三方面加以改进：

①把洋葱纵剖，一分为二，把鳞片叶从鳞茎上全部剥离下来，然后放在解剖盘或其他器皿中，让每片鳞片叶的上表皮朝外，放到窗台上晒 1~4d。这样，叶片通过蒸腾作用蒸发掉一部分水分，叶片变软，使得叶肉细胞与表皮细胞接合不紧密，便于撕下完整的表皮细胞。再者是通过蒸发水分，液泡中色素的浓度增大，颜色加深，实验效果明显。但在晒制的过程中要特别注意两点：一是不要放在太阳底下暴晒，二是晒制的时间不要过长。如果洋葱表皮细胞失水过多，虽然颜色加深，但已发生了质壁分离，容易给学生造成错觉。

②由于季节所限，有时买不到紫洋葱，可用白洋葱或大葱代替，撕取内表皮作染色处理后观察。具体做法是：将撕取的一小块内表皮展平于滴有清水的载玻片上，盖上盖玻片，镜检。然后将载玻片取下，一侧用吸水纸吸引，另一侧滴加 0.3g/mL 蔗糖红色染液（0.3g/mL 蔗糖与红钢笔水 10∶1 配成），这样重复几次，盖玻片下充满了红色的蔗糖溶液。在显微镜下观察，看到细胞壁与细胞膜之间充满了红色的蔗糖液，原生质层（液泡）无色透明。

③教材选择的实验材料为紫色洋葱鳞片叶，该实验材料用于学生实验有如下缺点：撕取的洋葱表皮厚薄不均，细胞重叠，不易观察；或者有的学生根本就不会撕取紫色的表皮细胞。用马齿苋代替洋葱有以下优点：一是材料易得，在田野、路边或花坛处都可能采集到这种茎干是紫红色的马齿苋；二是便于操作，只要将嫩茎折断，向一端撕拉，即可获得又轻又薄的茎表皮组织，再制成装片即可进行实验。

另外，教材中做该实验时所用的是质量分数为 0.3g/mL 的蔗糖溶液，由于蔗糖溶液浓度大，黏稠，实验过程中常常会出现封堵镜头的情况，从而影响实验的正常进行，且镜头的清洗费时费力，且易出现镜头损坏现象。为保证实验的顺利进行，可以对该实验的离析液作如下的改进：采用新配制的饱和氯化钙溶液替代蔗糖溶液，或者采用把 5g 氯化钠溶于 95mL 水中制成的氯化钠溶液，也可以采用把 5g 硝酸钾溶于 95mL 水中配成的硝酸钾溶液来替代。

实验证明，用这些溶液替代蔗糖溶液作为离析液，分离和复原效果明显，方便易行，大大提高了实验成功率。

（2）滴加蔗糖溶液和清水时，必须在实验桌上进行，不能在显微镜的载物台上进行。

（3）试剂：选用 0.3g/mL 蔗糖溶液。若浓度过高，虽然细胞质壁分离速度很快，但不久细胞就会失水死亡，不能进行质壁分离复原；若浓度过低，则不能引起细胞质壁分离或速度太慢。另外，也可使用 8% 的食盐溶液、5% 的硝酸钾溶液、一定浓度的尿素、甘油等，但后三者在引起质壁分离后可自动复原。本实验选用 0.3g/mL 的蔗糖溶液（此浓度下既明显出现质壁分离，又不致使细胞死亡）。盐酸、酒精、醋酸等溶液能杀死细胞，不适于做质壁分离的溶液。

（4）时间的控制：做好质壁分离的实验后，不久就要做质壁分离复原实验。避免使质壁分离的细胞长时间处于较高浓度的外界溶液中，细胞过度失水而导致死亡，从而观察不到质壁分离复原的现象。

六 结果与分析

1. 实验结果：成熟植物细胞能与外界溶液发生渗透作用，当外界溶液浓度大于细胞液浓度时，细胞失水，发生质壁分离；当外界溶液浓度小于细胞液浓度时，细胞吸水，发生质壁分离复原。

2. 质壁分离的原因分析。

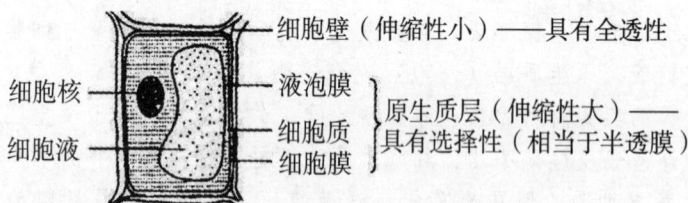

内因：原生质层具半透性，细胞壁伸缩性比原生质层伸缩性小。
外因：外界溶液浓度大于细胞液浓度。

图 5-1　植物细胞的质壁分离
（左图表示刚开始发生质壁分离，右图表示已明显发生质壁分离）

七 》问题与讨论

1. 红墨水对植物细胞有没有影响？为什么？

答案：没有影响，因红墨水是胶体，不能通过选择透过性膜，无法进入活细胞内。

2. 如果将上述表皮细胞直接浸润在红墨水中，这些表皮细胞又会出现什么现象？

答案：表皮细胞不发生质壁分离。

八 》创意自评

本实验通过逆向思考，使选材范围更广、可操作性更强，结果直观明显，原因如下：

1. 本实验对植物细胞的质壁分离进行了逆向思考。原实验主要是从液泡的大小变化与颜色的深浅观察植物细胞的吸水和失水的情况，而本实验直接从原生质层与细胞壁之间的红色液体来探究植物细胞吸水和失水的情况。

2. 本实验选材更具广泛性，不再局限于有色的洋葱表皮细胞，白色洋葱或其他成熟的植物细胞皆可通过有色溶液的辅助进行观察。

实验六 ▷ 观察渗透现象

【改进方法一】

一 ▷ 目的要求

1. 观察渗透现象。
2. 了解半透膜的特性。
3. 理解渗透原理，为进一步学习细胞的吸水和失水奠定基础。

二 ▷ 原理

1. 半透膜是指可以让小分子物质透过而大分子物质不能通过的一类薄膜的总称。对于鸡卵壳膜来说，水分子、无机盐离子（如 OH^-）是小分子物质，而淀粉是大分子物质。

2. 渗透作用的产生必须具备两个条件：一是半透膜，二是半透膜两侧的溶液要具有浓度差。水分子从低浓度溶液透过半透膜向高浓度溶液扩散。

3. 淀粉遇碘变蓝；酚酞在碱性条件下变红。

三 ▷ 材料和用品

2 个生鸡蛋、15% 的 HCl、蔗糖溶液、苏丹Ⅲ染液（颜色指示剂）、淀粉溶液、碘液、NaOH 溶液、酚酞指示剂、清水、长颈漏斗、烧杯、铁架台、试管。

四 ▷ 步骤

1. 制备半透膜——卵壳膜。

将生鸡蛋钝端敲开一口径约 1cm 的小口，倒去蛋清蛋黄后，一个浸入质量浓度为 15% 的盐酸中约 2h，溶去外壳，得到全部卵壳膜；将另一个鸡蛋的尖端朝下，搁置于装有适量盐酸的小烧杯上，溶去尖端蛋壳（约1cm高），露出卵壳膜。

2. 制备渗透装置（见右图）。

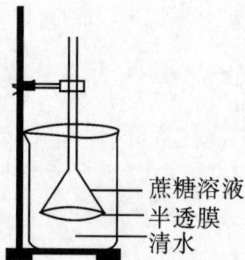

蔗糖溶液
半透膜
清水

将长颈漏斗宽阔端从卵壳膜开口处伸入膜内，用橡皮筋捆扎。用铁架台固定长颈漏斗，搁置在烧杯口上，向长颈漏斗内灌注蔗糖溶液和几滴苏丹Ⅲ染液（作为颜色指示剂），烧杯中装上清水，调节漏斗的起始液面稍高于清水，并标记玻璃管液面的刻度。

3. 约 3min 后，观察长颈漏斗液面的变化。

4. 取 1 个 50mL 小烧杯，装满清水，将蛋壳尖部朝下搁置于小烧杯上。往蛋壳内同时注入等量淀粉溶液和 NaOH 溶液。（如下图）

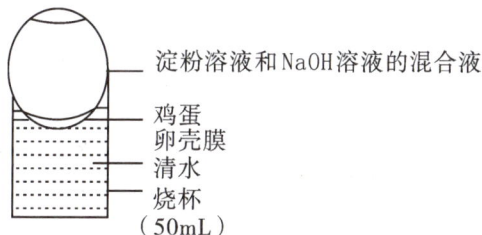

5. 3min 后，取 2 只试管分别标记 A、B，往 A 试管中滴入碘液，B 试管中滴入酚酞指示剂，摇匀，观察颜色变化。

五 结果与分析

实验结果 1：长颈漏斗的液面上升。

结论：长颈漏斗内的溶液浓度高于烧杯中的清水，故水分子是从低浓度溶液透过半透膜向高浓度溶液扩散的。

实验结果 2：A 试管加入碘液不变蓝，B 试管加入酚酞后变红色。

结论：淀粉是大分子物质不能透过半透膜，而水和无机盐离子（如 OH^-）是小分子物质，可以透过半透膜。

六 问题与讨论

1. 为什么渗透装置中的蔗糖溶液不直接改为淀粉溶液？（淀粉亲水性强，有吸胀作用）

2. 长颈漏斗的液面会一直上升吗？

3. 动物细胞或成熟的植物细胞是否具备发生渗透作用的两个条件？如果具备，又是如何进行渗透吸水和失水的？

4. 葡萄糖分子能否透过鸡卵壳膜？怎样鉴定？

七 创意自评

1. 半透膜采用鸡卵壳膜，代替教材中使用的玻璃纸，鸡卵壳膜作为生物材料，学生易将其与生物膜联系起来，感性直观，简便易得，不易破裂，为较理想的材料。

2. 装置简便。

3. 长颈漏斗内加入苏丹Ⅲ溶液作为颜色指示剂，方便观察液面的变化。

4. 增加了淀粉溶液和 NaOH 溶液的对比实验。通过对比，便于学生进一步理解半透膜的特性：大分子不能透过，小分子可以透过。

5. 整个实验设计的改进探索过程有利于激发学生的创新意识，培养学生的创造能力。

【改进方法二】

渗透装置新制法

做渗透装置最关键的就是半透膜的选取。常用的鸡蛋膜、肠衣膜等不仅不易取得，而且难操作，所以，教师一般只在课堂上做演示实验，或者干脆就用课件展示。笔者在教学中摸索出用萝卜制作渗透装置，不仅取材方便，而且操作简便，效果也很好。

一 目的要求

通过观察水分的渗透过程及现象，了解发生水分渗透的条件和原理。

二 原理

发生渗透作用必须具备半透膜和浓度差这两个条件，在这个渗透装置中，萝卜皮就起到了半透膜的作用，而玻璃管中的液体是萝卜中某些物质的水溶液，它与外界的清水具有一定的浓度差，这样就具备了发生渗透作用的两个条件。

三 材料和用品

1. 实验材料：萝卜。
2. 器具：铁架台、玻璃管、2 000mL 的烧杯。
3. 试剂：清水。

四 步骤

（1）在一根萝卜上挖一个小孔，然后在小孔处插入玻璃管，插入的深度应达到手捏玻璃管萝卜不下下滑为宜。

（2）将萝卜浸入盛有清水的烧杯中，再在玻璃管中倒入少量清水，调控玻璃管内的水面与烧杯中的水面平齐，注意观察。

（3）8～12min后，玻璃管中液面将上升一定高度。

五》结果与分析

为了达到水分子的平衡，在单位时间内，由烧杯进入玻璃管的水分子数多于由玻璃管进入烧杯的水分子数，所以玻璃管中的液面上升。当由玻璃管进入烧杯的水分子数达到动态平衡时，玻璃管内的液面就不再上升。

六》问题与讨论

1. 漏斗管内的液面为什么会升高？
2. 如果用一层纱布代替玻璃，漏斗管内的液面还会升高吗？
3. 如果烧杯中不是清水，而是同样浓度的蔗糖溶液，结果会怎样？

七》创意自评

改进后的渗透装置，不仅简单、有趣，而且便于学生动手操作。

【改进方法三】

教材选用的是一种半透膜——玻璃纸，即羊皮纸。这种羊皮纸目前很难找到，备选的替代材料很多，如花生种皮、猪肠衣、鱼鳔及鸡卵的卵表膜。其中，花生种皮小，易破，不透明，直观性差；猪肠衣要将猪小肠的浆膜剥离才能得到，操作麻烦，不干净；鱼鳔虽好，但很滑，不易与玻璃管捆绑；替代材料鸡卵的卵壳膜效果较好。剥取一个完整的卵壳膜有个可取的方法，可将生鸡蛋放在稀盐酸中浸泡三四个小时，取出后，在鸡蛋的钝端打开一个小洞，去掉蛋清和蛋黄，很容易就剥取到一个又大又有韧性的卵壳膜，实验操作非常方便。

在实验中，若用教材上所说的长颈漏斗做，由于漏斗管的管径大，液面上升的速度慢，发生渗透作用的时间较长，在课堂上做效果不明显。为了避免出现上述问题，可选用移液管，移液管的管径很细很小，在很短的时间内，液面迅速上升，实验现象非常明显。

在实验中，把一组实验变成三组实验，A组和B组的漏斗口外密封一层半透膜，C组的漏斗口外密封一层塑料纸，A组漏斗和烧杯内的溶液均为30%的蔗糖溶液，B组和C组漏斗内的溶液为30%的蔗糖溶液，烧杯内的溶液为清水，这样B组和C组对照使学生理解渗透作用产生的一个条件具有半透膜，A组和B组对

照使学生理解渗透作用产生的另一个条件半透膜两侧的溶液具有浓度差，突破了本节课的难点。

【改进方法四】

一 目的要求

1. 探究渗透作用所需要的条件。
2. 加深对渗透作用的理解。

二 原理

渗透作用是指溶剂（如水）通过半透膜从溶质浓度低的溶液向溶质浓度高的溶液转移的现象。在一个渗透系统中，两种不同浓度的溶液隔以半透膜，水的移动方向决定于半透膜两边溶液的水势高低。水势高的溶液的水流向水势低的溶液。

三 材料和用品

半透膜（如鸭蛋膜、鱼鳔等）、培养皿、长颈漏斗、橡皮筋、滴管、烧杯、铁架台、50%的蔗糖溶液。

四 步骤

1. 用事先制备好的鸭蛋膜作为半透膜，将长颈漏斗的漏斗口处密封，并用橡皮筋扎紧。
2. 把长颈漏斗的漏斗口朝下，放在培养皿中，用滴管向长颈漏斗内注入50%的蔗糖溶液。
3. 将装满清水的大烧杯置于铁架台上，用铁架台上的铁夹夹住长颈漏斗上方，将装置固定在铁架台上。
4. 将长颈漏斗下降，浸泡在清水中，并在长颈漏斗内的液面处作一标志。
5. 35min 后，观察实验现象。

五 结果与分析

35min 后，可观察到长颈漏斗内蔗糖溶液的液面明显上升，说明发生了渗透作用，清水中的水分子进入蔗糖溶液中。事实上，半透膜两边的水分子是可以自由通过的。但由于清水的水势高，蔗糖溶液的水势低，从清水进入蔗糖溶液的水分子就比从蔗糖溶液到清水的水分子多得多，所以长颈漏斗玻璃管内液面上升。

水分逐渐进入玻璃管内，液面上升。静水压增大，压迫水分从玻璃管内向烧杯的移动速度加快，膜内外水分进出速度越来越接近。最后，液面不再上升，此时水分进出的速度相等，呈现动态平衡。

通过以上实验，我们可以看到，发生渗透作用所需要的条件是：①具备半透膜；②半透膜两边的溶液具有浓度差。

实验七 比较过氧化氢在不同条件下的分解

一 目的要求

1. 初步学会探索酶的催化效率的方法。
2. 探索过氧化氢酶和 Fe^{3+} 催化效率的高低。

二 原理

新鲜的肝脏中含有过氧化氢酶，Fe^{3+} 是一种无机催化剂，它们都可以催化过氧化氢分解成水和氧。

分别用一定数量的过氧化氢酶和 Fe^{3+} 催化过氧化氢分解成水和氧，可以比较两者的催化效率。经计算，用质量分数为 3.5% 的氯化铁溶液和质量分数为 20% 的肝脏研磨液做实验，每滴氯化铁溶液中的 Fe^{3+} 数，大约是每滴研磨液中过氧化氢酶分子数的 25 万倍。

三 材料和用品

1. 材料：新鲜的质量分数为 20% 的肝脏（如猪肝、鸡肝）研磨液。
2. 用具：量筒、试管、滴管、试管架、卫生香、火柴。
3. 试剂：体积分数为 3% 的 H_2O_2 溶液，质量分数为 3.5% 的 $FeCl_3$ 溶液。

四 步骤

1. 取两支洁净的试管，编上号，并且各注入 $2mL\ H_2O_2$ 溶液。

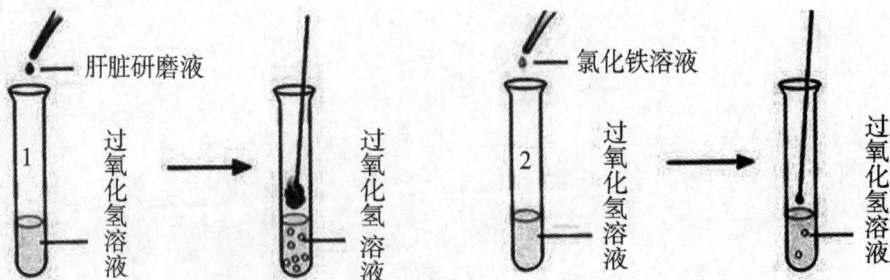

2. 向 1 号试管内滴入 2 滴肝脏研磨液，作为对照，向 2 号试管内滴入 2 滴 $FeCl_3$ 溶液。

3. 堵住试管口，轻轻地振荡这两支试管，使试管内的物质混合均匀。仔细观察并在《实验报告册》中记录哪支试管产生的气泡多。

4. 将点燃但无火焰的卫生香分别放入 1、2 号试管内液面的上方，观察并在《实验报告册》中记录哪支卫生香燃烧猛烈。

五 ≫问题与讨论

1. 做这个实验时为什么要选用新鲜的肝脏？

2. 为什么要将肝脏制成研磨液？

3. 滴入肝脏研磨液和氯化铁溶液时，可否共用一个吸管？为什么？

【改进方法】

在实验中，学生按实验顺序先把 H_2O_2 溶液与酶混合后，再点卫生香，则无法用手指堵住试管口，氧气迅速扩散到空气中，带有火星的卫生香很难复燃。可要求学生先点卫生香备用，再把 H_2O_2 溶液与酶混合。这样，一只手的手指就可以堵住试管口，另一只手就可以取已带有火星的卫生香做下一步实验。这是对细节的很小的改进，但它可使实验成功地进行。

实验八 观察根尖分生组织细胞的有丝分裂

一 目的要求

1. 制作洋葱根尖细胞有丝分裂装片。
2. 观察植物细胞有丝分裂的过程，识别有丝分裂的不同时期，比较细胞周期不同时期时间的长短。
3. 绘制植物细胞有丝分裂简图。

二 原理

1. 在高等植物体内，有丝分裂常见于根尖、芽尖等分生区细胞。由于各个细胞的分裂是独立进行的，因此在同一分生组织中可以看到处于不同分裂时期的细胞。

2. 染色体容易被碱性染料（如龙胆紫溶液）着色，通过在高倍显微镜下观察各个时期细胞内染色体（或染色质）的存在状态，就可判断这些细胞处于有丝分裂的哪个时期。

3. 盐酸和酒精混合液（1：1）使组织中的细胞相互分离开来，同时将细胞杀死并固定。

三 教学内容

1. 龙胆紫等为碱性染料，可使染色体染上紫色；醋酸洋红溶液也能使染色体染上粉红色。

2. 植物细胞有丝分裂各时期的特征及图形的判断：

	间期	前期	中期	后期	末期
图形	核膜 核仁 细胞壁		纺锤体 染色体		细胞板

（续上表）

	间期	前期	中期	后期	末期
特点	①染色体呈细丝状的染色质状态，每条染色体经复制后就含有2条姐妹染色单体 ②合成了大量的蛋白质；时间比分裂期长很多 ③细胞有生长现象	①染色体由细丝状染色质变成染色体，排列散乱 ②出现纺锤体 ③核仁、核膜逐渐消失	①每条染色体的着丝点两侧均有纺锤丝牵引，着丝点排列在赤道板上 ②染色体形态稳定，数目清晰 ③赤道板并不是一个具体结构，是细胞中央的一个平面 ④观察染色体最佳时期	①着丝点分裂，姐妹染色单体变成子染色体，在纺锤丝牵引下向两极运动 ②纺锤丝缩短，分向两极的两套染色体形态和数目完全相同	①染色体变成丝状染色质 ②核仁、核膜重新出现 ③纺锤体消失 ④赤道板位置上出现细胞板，向四周扩展，形成新的细胞壁，将一个细胞分成2个子细胞

四》材料和用品

洋葱（可用葱、蒜代替）、显微镜、载玻片、盖玻片、玻璃皿、剪子、镊子、滴管。

质量分数为15%的盐酸，体积分数为95%的酒精，质量浓度为0.01g/mL或0.02g/mL的龙胆紫溶液（将龙胆紫溶解在质量分数为2%的醋酸溶液中配制而成）或醋酸洋红液，洋葱根尖细胞有丝分裂固定装片。

五》步骤

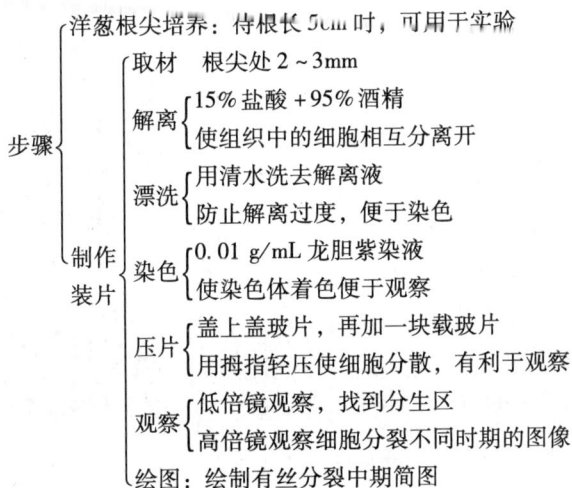

步骤
- 洋葱根尖培养：待根长5cm时，可用于实验
- 取材　根尖处2～3mm
- 制作装片
  - 解离
    - 15%盐酸+95%酒精
    - 使组织中的细胞相互分离开
  - 漂洗
    - 用清水洗去解离液
    - 防止解离过度，便于染色
  - 染色
    - 0.01 g/mL龙胆紫染液
    - 使染色体着色便于观察
  - 压片
    - 盖上盖玻片，再加一块载玻片
    - 用拇指轻压使细胞分散，有利于观察
  - 观察
    - 低倍镜观察，找到分生区
    - 高倍镜观察细胞分裂不同时期的图像
- 绘图：绘制有丝分裂中期简图

【改进方法一】

1. 在选材上，除采用洋葱根尖外，还可用大蒜根尖。取材的最佳时间为上午10：00～11：30（如天气晴朗可适当延长为9：00～14：00）和下午4：30～5：00。

2. 解离：改用18.5%盐酸解离液，由于浓度加大，解离时间仅需2min，且效果极佳（比教材的方法解离充分）。

3. 漂洗：由10min缩短为2～3min。

4. 染色：由于1%龙胆紫溶液浓度较大，染色时间只需2～3min（或适当加入清水稀释溶液浓度）。

5. 水洗：改进后加的一步。用清水洗掉浮色。做法：在玻璃皿中放入清水，将染色的根尖放入清水中洗一下。

6. 压片：在载玻片上加一滴清水，将根尖放入水滴中盖上盖玻片，在盖玻片上加一小块吸水纸，用拇指压片。

六 结果与分析

1. 剪取生长旺盛、带有分生区的根尖，同时注意剪取的时间，一般在上午10点至下午2点左右，这段时间分生区细胞分裂旺盛。

2. 解离充分，细胞才能分散，才不会重叠。

3. 染色时，染色液的浓度和染色时间必须掌握好，应注意染色不能过深，否则镜下一片紫色，无法观察细胞图像。

4. 压片时用力必须恰当，过重会将组织压烂，过轻则细胞未分散，两者都影响观察。

七 问题与讨论

1. 为什么要控制好解离时间？

答案：解离时间也不宜过长或过短。时间过长根尖过于酥软且染色体被破坏，无法取出；时间过短则解离不充分，不能相互分离。

2. 漂洗的作用是什么？

答案：防止解离过度和影响染色。

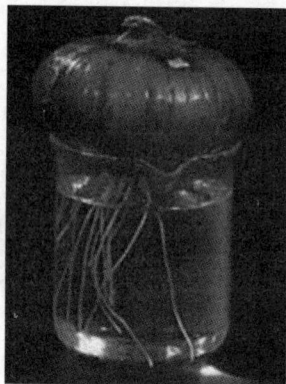

图8-1　根尖的培养

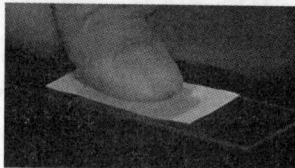

图8-2　压片

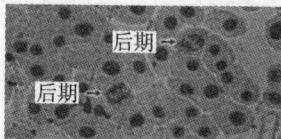

图8-3　后期

3. 分生区细胞特点是什么？

答案：细胞呈正方形，排列紧密，有的细胞正处于分裂期。

4. 实验中能否观察到一个细胞持续地从间期到末期的变化？

答案：不能。因为有丝分裂过程中，解离和染色都使细胞死亡，不能看到一个从间期到末期的全过程。

八 创意自评

1. 选材是本实验的关键。选材的要求：适合本地、容易获得的；染色体数目适中，不太多也不太少；根尖大小适中，容易操作。

2. 解离的时间：盐酸解离液的浓度高，解离时间短，反之则长；温度高，解离时间短，反之则长。

【改进方法二】

1. 在实验中，漂洗、染色过程中均用到玻璃皿，而玻璃制品使用越多，损耗越大，安全性也越低，并且漂洗也不够彻底。我们选用了化学实验用的点滴板，它不易碎，其上有很多孔穴，在一个孔穴中染色，在十个孔穴中依次漂洗，减少了玻璃皿的使用，漂洗也很彻底，使下一步染色效果极佳。

2. 教材中用洋葱放在盛水的烧杯上，于温暖处培养。此培养过程较麻烦：须经常换水，且水质容易变差，变差后不仅影响出根，还影响已出根的正常生长。培养时可以采用面积较大、平扁的容器，如托盘。在托盘上用铁丝拉出线格，将洋葱放在上面，盛水培养，出根效果很好。此培养方法有以下优点：有利于洋葱出根，盛水量较大，水质维持时间较长，而且换水方便。用市售网眼较大的铁丝网培养出大蒜根代用，效果也很好。

实验九 性状分离比的模拟

一、目的要求

1. 通过模拟实验，认识和理解遗传因子的分离和配子的随机结合与性状之间的数量关系，体验孟德尔的假说。

2. 初步学会通过模拟实验来探讨生物学知识的科学方法和技巧。

二、原理

本实验用甲、乙两个小桶分别代表雌、雄生殖器官，甲、乙小桶内的彩球分别代表雌雄配子，用不同彩球的随机组合，模拟生物在生殖过程中，雌雄配子的随机结合。

三、材料和用品

小塑料桶两个，分别标记为甲、乙；两种色彩的小球各 20 个，一种彩球标记为 D，另一种彩球标记为 d；记录用的纸和笔。

四、步骤

1. 在甲、乙两个小桶中放入两种彩球各 10 个。

2. 分别摇动两个小桶，使桶内彩球充分混合。

3. 分别从两个小桶内随机抓取一个小球，组合在一起，记下两个彩球的字母组合（每抓一次，在不同的小球组合后用"正"字形式记录）。

4. 将抓取的彩球放回原来的小桶内，摇匀，按步骤 3 重复 50～100 次（重复次数越多，模拟效果越好）。

5. 统计彩球组合为 DD 、Dd 和 dd 的数量分别是多少，并记录下来。

6. 计算彩球组合为 DD 、Dd 和 dd 的数量比值是多少，并记录下来。

五 结果与分析

彩球组合	次数	总计	百分比（%）
DD			
Dd			
dd			

分析实验结果，在实验误差允许的范围内，得出合理的结论（可将全班每一小组结果综合统计，进行对比）：

_____

_____

【误区警示】

本实验操作的注意事项：

1. 在选购或自制小球时，小球的大小、质地应该相同，使抓摸时手感一样，以避免人为误差。

2. 此模拟实验比较简单，实验操作时以两人一组为宜。实验中一人抓球，另一人作记录，并负责将小球放回原处及摇匀小球。整个模拟实验过程中，两人可以交换操作。抓球时应该双手同时进行，而且要闭眼，以避免人为误差。

3. 每做完一次模拟实验，必须摇匀小球，然后再做下一次模拟实验。

4. 实验成功的关键是模拟实验的重复次数，重复次数越多，结果越准确。小组统计与全班综合统计相结合。每个小组的统计数据不同。有的可能接近理论值，有的可能与理论值有一定差距。对全班的数据进行综合统计，结果会更接近理论值。

【改进方法】

材料用彩球和小桶比较麻烦，可供老师做演示实验，但无法让每个学生都参与实验操作，我们建议用红豆和绿豆代替，即红豆代表 D，绿豆代表 d，小桶用一次性塑料杯代替，因为材料价廉且简单，可让每个学生都参与实验，在实践中真正理解"性状分离比"的含义。

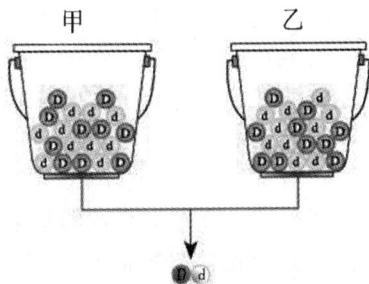

图 9 - 1　抓取一次情况之一

实验十 探究影响酶活性的因素（1）

一 目的要求

通过实验探究影响酶活性的因素，了解酶的特性，养成用实验探究生物现象的科学精神。

二 原理

1. 淀粉遇碘后，形成紫蓝色的复合物，因此可用碘来检测溶液中淀粉的含量。而淀粉酶可以使淀粉逐步水解成麦芽糖和葡萄糖（淀粉水解过程中，不同阶段的中间产物遇碘后，会呈现红褐色或红棕色）。麦芽糖和葡萄糖遇碘后不显色。

检测糖类中的还原糖（如葡萄糖、麦芽糖），可将其与斐林试剂反应，生成砖红色沉淀。

2. 新鲜肝脏中含有较多的过氧化氢酶，过氧化氢酶可催化过氧化氢分解成氧气和水。

三 教学内容

1. 酶的作用和本质。

细胞每时每刻都进行着许多化学反应，这些化学反应，统称为细胞代谢。细胞代谢的高效进行，依靠酶的催化作用。酶的化学本质是活细胞产生的具有催化作用的有机物（绝大多数是蛋白质，少数是 RNA），其作用机理是通过降低化学反应的活化能，提高催化效率。

2. 酶的特性。

酶具有高效性、专一性和作用条件较温和三大特性。

（1）高效性体现为酶的催化效率比一般化学催化剂高 $10^6 \sim 10^{13}$，因此，在生物细胞内，虽然各种酶的含量很低，但可以催化大量的反应物产生反应。

（2）专一性是指一种酶只能作用于一类或一种物质，而无机催化剂对其反应物没有严格的选择性。

（3）由于酶是在生物体内催化生物体进行生化反应，因此，酶催化的化学反应一般是在比较温和的条件下进行的。

四 材料和用品

1. 实验材料：稀释的唾液，新鲜的质量分数为20%的肝脏研磨液。

2. 器具：试管、量筒、小烧杯、大烧杯、滴管、试管夹、酒精灯、三脚架、石棉网、温度计、pH试纸、火柴、电热水壶。

3. 试剂：质量分数为3%的可溶性淀粉溶液、体积分数为3%的过氧化氢溶液、质量分数为5%的盐酸、质量分数为5%的NaOH溶液、碘液、斐林试剂、蒸馏水、冰块。

五 步骤

1. 提出假设：温度和pH是影响酶活性的条件。

2. 设计实验。

Ⅰ. 用唾液淀粉酶探究温度对酶活性的影响。

序号	加入试剂或处理方法	试管		
		1	2	3
1	注入淀粉溶液	2mL	2mL	2mL
2	注入稀释唾液	1mL	1mL	1mL
3	对应编号的试管编为一组， 分别放入不同温度的水中维持5min	37℃	沸水	冰块
4	将含淀粉酶的稀释唾液注入相同温度下的淀粉溶液中，摇匀，维持各自的温度5min	37℃	沸水	冰块
5	滴入碘液，摇匀	2滴	2滴	2滴
6	观察这3支试管中溶液颜色变化并记录			

Ⅱ. 用唾液淀粉酶探究pH对酶活性的影响。

序号	加入试剂或处理方法	试管		
		1	2	3
1	分别注入稀释的唾液	1mL	1mL	1mL
2	注入蒸馏水	1mL	—	—

（续上表）

序号	加入试剂或处理方法	试管		
		1	2	3
3	注入 NaOH 溶液	—	1mL	—
4	注入盐酸	—	—	1mL
5	注入可溶性淀粉溶液	2mL	2mL	2mL
6	37℃水浴保温 5min			
7	加入斐林试剂，边加边振荡	2mL	2mL	2mL
8	水浴加热煮沸 1min			
9	观察 3 支试管中溶液颜色变化并记录			

Ⅲ. 用过氧化氢酶探究 pH 对酶活性的影响。

序号	加入试剂或处理方法	试管		
		1	2	3
1	注入 H_2O_2 溶液	2mL	2mL	2mL
2	注入蒸馏水	1mL	—	—
3	注入 NaOH 溶液	—	1mL	—
4	注入盐酸	—	—	1mL
5	滴入新鲜肝脏研磨液，堵住试管口，轻轻振荡试管	2 滴		
6	观察 3 支试管内产生的气泡多少并记录			
7	将点燃但无焰的卫生香分别放入 1 号、2 号、3 号试管内面上方			
8	观察卫生香燃烧情况并记录			

六 ▶结果与分析

实验Ⅰ中，1 号试管中的溶液不呈紫蓝色，2 号和 3 号试管中的溶液均呈现紫蓝色。上述现象说明，1 号试管中的淀粉已经被淀粉酶水解，2 号和 3 号试管中的淀粉未被淀粉酶水解。由此证明，酶的催化活性需要适宜的温度，高温、低温都将影响酶的活性。

实验Ⅱ中，1号试管出现砖红色沉淀，2号和3号试管中的溶液均呈现斐林试剂的蓝色。上述现象说明，只有1号试管中的淀粉被淀粉酶分解，得到葡萄糖、麦芽糖等还原糖，可以和斐林试剂发生反应，产生砖红色沉淀。由此证明，酶的催化活性需要适宜的pH，过酸或过碱都将影响酶的活性。

实验Ⅲ中，1号试管产生大量气泡，卫生香复燃；2号和3号试管不产生或产生少量气泡，卫生香不复燃，说明2号和3号试管的过氧化氢酶已失活，不能发生催化作用。

七》问题与讨论

1. 探究温度对酶活性影响的实验，能不能用过氧化氢酶催化过氧化氢分解？为什么？

答案：不能，因为过氧化氢在加热的条件下分解会加快，影响对实验结果的判断。

2. 探究温度对淀粉酶活性影响的实验，能不能用斐林试剂检测淀粉的分解产物——葡萄糖、麦芽糖等还原糖？为什么？

答案：不能，因为斐林试剂检测还原糖要在加热的条件下进行才有砖红色沉淀生成，而该实验需严格控制的自变量是温度。

3. 探究pH对淀粉酶活性影响的实验，鉴定试剂能不能使用碘液？

答案：不能，因为淀粉与碘的蓝色反应在pH值为3~5的弱酸性环境下进行最灵敏，5<pH<8次之，当pH>9时不显色（或一开始显蓝色，后不显色）。这是因为碘会调节pH所用的NaOH反应，产生次碘酸钠（NaIO）和碘化钠（NaI），使之丧失作为检测试剂的功用。

八》创意自评

1. 实验材料的改进。

用唾液淀粉酶替代α-淀粉酶，优点是成本低，方法简便，而实验效果同样明显。取唾液的方法是：学生进实验室后，任课老师在讲导言时，请学生把舌头抬高抵住上颚，让唾液自然增多，积累到一定量时吐在事先准备好的烧杯中，重复多次后，两个实验所需的唾液淀粉酶就够用了，然后在实验时按照1:5的比例把唾液淀粉酶与蒸馏水拌和就可用于实验，这里增大浓度是为了加快淀粉溶液与唾液淀粉酶的反应速度。另外，市售淀粉酶所需的最适温度为60℃左右，而唾液中所含的唾液淀粉酶的最适温度仅为37℃，因此在实验前只需准备好比37℃略高一些的温水，让学生实验时直接取用即可。而沸水，则可用电壶现烧好，让学生取用时再用酒精灯适当加热即可，这样既省时间又节省实验中的酒精

用量，实验效果也十分理想。

2. 实验材料制作步骤的改进。

质量分数为3%的可溶性淀粉溶液的配制，如按常规配制法把可溶性淀粉与蒸馏水直接混合，会出现上清下浊现象，实验效果不理想。可用以下方法改进：首先将质量分数为3%的可溶性淀粉放在1 000mL 的烧杯中，先用少量蒸馏水（或自来水）倒入可溶性淀粉中，用玻棒搅拌成糊状，再将80℃左右的热水慢慢加入大烧杯中，一边加入，一边迅速搅拌，直到出现半透明糊状为止。加入的热水一定要按比例计算，不能过多或过少。此外，配制的淀粉溶液最好在两天内用完。

图 10 - 1　实验 II 现象

实验十一 ▶ 探究影响酶活性的因素（2）

——温度对酶活性的影响

一 ▶ 目的要求

通过检查不同温度条件下唾液淀粉酶的活性，了解温度对酶活性的影响。

二 ▶ 原理

酶的活性受温度的影响。在最适温度条件下，酶的活性最高。高温使酶失去活性，低温则降低或者抑制酶的活性。

唾液淀粉酶可将淀粉逐步水解成各种分子大小不同的糊精及麦芽糖，它们遇碘各呈现不同的颜色。淀粉遇碘呈蓝色。糊精按其分子的大小，遇碘可呈蓝色、紫色、暗褐色或红色。最简单的糊精和麦芽糖遇碘不呈色。在不同温度条件下，唾液淀粉酶的活性高低不同，则淀粉被水解的程度也不同，因此，可由酶反应混合物遇碘呈现的颜色来判断。

三 ▶ 材料和用品

稀释 10 倍的新鲜唾液、0.2% 的淀粉溶液、碘溶液、大烧杯、5mL 量筒、两个恒温水浴锅、试管及试管架、洗瓶。

四 ▶ 步骤

1. 取 3 支试管，编号为 1、2、3，向 3 支试管中各加入 1mL 稀释唾液。

2. 将 1 号试管放入冰水中，2 号试管放入 37℃恒温水浴中，3 号试管放入 100℃沸水浴中。

3. 5min 后，向 3 支试管中各加入 2mL 淀粉溶液，继续在原温度条件下保温。

4. 10min 后，将 3 支试管取出，各加入 1 滴碘液，振荡，观察现象。

实验十二 探究反应物的不同浓度对酶促反应的影响

一 目的要求

1. 探究反应物的不同浓度对酶促反应的影响。
2. 学会正确运用控制变量法探究问题。

二 原理

碰撞理论认为，分子间必须相互碰撞才有可能发生反应，反应速率的大小与单位时间内分子间碰撞次数成正比。在化学反应中，能量较高、有可能发生有效碰撞的分子称为活化分子。底物浓度不同，溶液单位体积中活化分子数量不同，引起酶分子与底物分子碰撞的概率也不同，即催化的速率不同。所以在一定浓度范围，增加反应物的浓度时，单位体积内反应物活化分子数目增多，反应物与酶分子发生有效碰撞的次数增多，催化速率增大。

三 教学内容

1. 酶促反应机理。

在一个化学反应体系中，活化分子越多，反应就越快，因此，设法增加活化分子数，就能提高反应速率。要使活化分子数增多，有两种可能途径：一种是加热或光照射，使一部分分子获得能量而活化，直接增加活化分子的数目，以加快化学反应的进行；另一种是降低活化能，间接增加活化分子的数目。而催化剂的作用就是降低活化能。活化能越低，反应物分子的活化愈容易，反应也就愈容易进行。酶的催化作用的实质就在于它能降低化学反应的活化能，使反应在较低的能量水平上进行，从而使化学反应加速。

2. 影响酶促反应的因素。

（1）底物（即被酶作用的反应物）浓度：在酶促反应中，底物浓度低时，反应速率随底物浓度的增加而上升；而当底物浓度继续增加，达到相当高时，反应速率不再上升，达到极限最大值，称最大反应速率（V_{max}）。当反应速率为最大反应速率的一半时底物浓度为 K_m 值（米氏常数），为酶的特征性常数。不同的酶 K_m 值不同，同一种酶对不同作用物有不同的 K_m 值。

（2）酶浓度：在酶促反应体系中，当底物浓度足够大，反应速率随酶浓度的增加而增加（当温度和 pH 不变时，两者呈正比例关系）。

（3）温度：酶对温度变化极敏感。若自低温开始，逐渐升高温度，则反应速率也随之增加。但到达某一温度后，继续升高温度，反应速率反而下降。这是因为温度对酶促反应有双重影响。高温一方面可加速反应的进行，另一方面又能加速酶的变性而减少有活性酶的数量，降低催化作用。当两种影响适当时（即既不因温度过高而引起酶损害，也不因温度过低而延缓反应进行），反应速率最快，此时的温度即为酶的最适温度。

（4）pH（酸碱度）：酶活性受所在环境 pH 的影响而有显著差异。在一定 pH 下酶表现最大活力，高于或低于此 pH，活力均降低。酶表现最大活力时的 pH 称为酶的最适 pH。其原因是酶的催化作用主要决定于活性中心及一些必需基团的解离状态，有的需呈正离子状态，有的需呈负离子状态，有的则应处于不解离状态，这就需要一定的 pH 环境使各必需基团处于适当的解离状态，从而使酶发挥最大活性。

（5）激活剂：能提高酶的活性，加速酶促反应进行的物质称为激活剂或活化剂。

（6）抑制剂：能降低酶的活性，使酶促反应速率变慢的物质称为抑制剂。

四 材料和用品

1. 材料：新鲜的质量分数为 20% 的肝脏研磨液。
2. 器具：锥形瓶、分液漏斗（长颈漏斗）、单孔橡皮塞（双孔橡皮塞）、胶皮管、导气管、集气瓶、水槽、计时器。
3. 实验试剂：4.5% 的 H_2O_2 溶液、6% 的 H_2O_2 溶液、清水。

五 步骤

序号	加入试剂或处理方法	锥形瓶	
		1	2
1	锥形瓶编号，检查装置气密性	1	2
2	注入 4.5% 的 H_2O_2 溶液	50mL	——
3	注入 6% 的 H_2O_2 溶液	——	50mL
4	向长颈漏斗（分液漏斗）注入新鲜的肝脏研磨液，连接好装置		
5	打开漏斗，向锥形瓶中注入新鲜的肝脏研磨液	2mL	2mL
6	开始收集气体，记录每收集 50mL 气体所需时间		

集气瓶

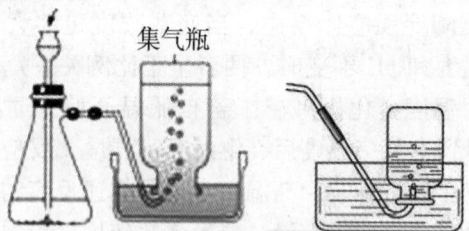

图 12-1　连接装置

六 结果与分析

1. 用表格形式记录实验结果：

时间\浓度 \体积	50mL	100mL	150mL	200mL
4.5% 的 H_2O_2				
6% 的 H_2O_2				

在酶浓度相同的情况下，浓度为 6% 的 H_2O_2 比 4.5% 的 H_2O_2 每收集 50mL 气体所需的时间短，说明在一定的反应物浓度范围内，酶的催化速率随着反应物的浓度增加而加快。

2. 绘制曲线。

在酶浓度一定的情况下，在一定的反应物浓度范围内，酶的催化速率随着反应物浓度的增加而加快，底物浓度越高，酶的催化速率越快。绘制曲线如右图所示：

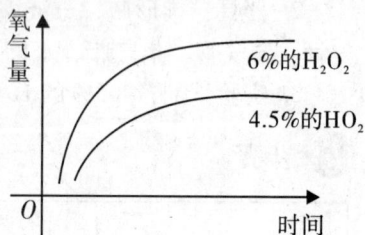

七 问题与讨论

1. 在反应物浓度一定时，增加或减少酶量，酶促反应如何？

答案：在酶促反应体系中，当底物浓度足够大时，反应速率随酶浓度的增加而增加。

2. 猜想酶催化速率随酶浓度变化而变化的坐标曲线图。

答案：当温度和 pH 不变时，两者呈正比例关系，即底物浓度足够大时，反应速率随酶浓度的增加而增加。

3. 在酶量一定时，随着反应物浓度不断提高，酶促反应会无限加快吗？为什么？

答案：不会。在酶促反应中，底物浓度低时，反应速率随底物浓度增加而上升；而当底物浓度继续增加，达到相当高时，反应速率不再上升。这是因为此时的酶促反应受到酶量的限制，酶已经和底物全部结合。

八 创意自评

1. 选题新颖，有利于提高学生设计实验和实验操作能力。

2. 选材普遍、价格便宜，不受时间和空间的限制。

（1）选取 H_2O_2 作底物，新鲜肝脏研磨液提供过氧化氢酶，反应产物 O_2 产量多，对人体无毒，对环境无污染。

（2）排水集气法使用器具简单，一般学校都具备，学生在生活中也容易找到相应的替代品，如锥形瓶可用塑料瓶代替，活塞可用橡皮制作，导气管可用饮料管取代等，在生活中便可以进行此实验。

3. 实验步骤精简优化，通俗易懂，操作简单。先往锥形瓶中加 H_2O_2 溶液，连接集气瓶后，再滴加新鲜的肝脏溶液，并同时开始计时，尽可能减少实验误差，实验过程省时省力，具备科学性和实效性。

4. 实验现象明显，结果出现时间短，因变量易于检测，记录方法简单有效。

5. 易启发学生的思考和讨论。一方面，此实验与课本的基础知识和拓展内容联系密切，容易启发学生从不同方面，如底物浓度不变、酶量对酶促反应的影响等进行思考和讨论，甚至探讨设计验证结论的实验方案，猜想有关内容的命题方向和改进考题等。另一方面，此实验中利用化学学科中的装置与方法解决生物学科中的问题，有利于促进学科的融合，启发学生利用简单的化学实验装置进行生物学科定量实验的探究，有利于学生综合探究能力的培养。

实验十三 探索淀粉酶对淀粉和蔗糖水解的作用

一 目的要求

1. 学会探索酶催化特定化学反应的方法。
2. 探索淀粉酶的专一性。

二 原理

淀粉和蔗糖都是非还原糖。它们在酶的催化作用下能水解成葡萄糖、麦芽糖、果糖等还原糖。还原糖能够与斐林试剂发生氧化还原反应，生成砖红色的氧化亚铜沉淀。

用淀粉酶分别催化淀粉和蔗糖的水解反应，再用斐林试剂鉴定溶液中有无还原糖，就可以看出淀粉酶是否具有专一性。

三 教学内容

1. 酶的作用与本质。

酶是活细胞产生的具有催化作用的有机物，能通过降低化学反应的活化能，提高催化效率。

2. 酶的特性。

酶具有高效性、专一性和作用条件较温和三大特性。本实验主要探究其专一性。

3. 影响酶活性的因素。

酶对化学反应的催化速率称为酶活性。影响酶活性的因素主要有 pH 值、温度、紫外线、重金属盐、抑制剂、激活剂等。需要注意的是，影响酶活性的因素一定会影响酶促反应速率，但影响酶促反应速率的因素不一定会影响酶的活性，如酶的浓度、底物的浓度等不会影响酶的活性，但可以影响酶促反应的速率。

四 材料和用品

1. 实验材料：质量分数为 2% 的新鲜的淀粉酶溶液。
2. 用具：试管、小烧杯、大烧杯、量筒、滴管、温度计、试管夹、三脚架、石棉网、酒精灯、火柴、恒温水浴锅。

3. 试剂：质量分数为3%的可溶性淀粉溶液、质量分数为3%的蔗糖溶液、斐林试剂。

五　步骤

序号	加入试剂或处理方法	试管	
		1	2
1	试管编号	1	2
2	注入可溶性淀粉溶液	2mL	—
3	注入蔗糖溶液	—	2mL
4	注入新鲜的淀粉酶溶液，摇匀	2mL	2mL
5	将试管下半部浸到60℃左右的热水中，保温5min		
6	边加入斐林试剂，边振荡摇匀	2mL	2mL
7	水浴加热	1min	1min
8	观察两支试管中颜色变化并记录		

六　结果与分析

1号试管中出现砖红色沉淀，2号试管无颜色变化，仍为斐林试剂的蓝色，上述现象说明淀粉酶只能催化淀粉水解，对蔗糖则不起催化作用。酶的催化反应具有专一性。

七　问题与讨论

1. 为什么要将试管的下半部浸到60℃左右的热水中？

答案：不同的淀粉酶反应的最适温度不同，实验用的α-淀粉酶最适温度为60℃。

2. 在已知淀粉酶能够催化淀粉水解的情况下，本实验设置1号试管还有没有必要？

答案：有必要，对照是实验控制的手段之一，目的在于消除无关变量对实验结果的影响。因此在本实验中设置1号试管是很有必要的，主要是为了排除无关变量如淀粉酶的用量与活性、水浴温度、斐林试剂用量等的影响。

八 创意自评

1. 实验材料的改进。

在此实验中也可用唾液淀粉酶替代 α-淀粉酶，则第 5 步的保温温度控制在 37℃左右。具体方法可参见《实验十　探究影响酶活性的因素（1）》中的"创意自评"。

2. 实验用具的改进。

在本实验中，如使用 α-淀粉酶，其最适温度为 60℃左右，实验第 5 步要求将试管下半部浸到 60℃左右的热水中，保温 5min。这一步如果用大烧杯水浴加热，则不仅消耗大量酒精，危险性较大，实验过程还很难保持恒温，影响酶的活性。可购买恒温水浴锅，自动控制水温度，并且它设计合理，一个恒温水浴锅一次可加热 80 多支试管，足够一个班的学生同时使用。

实验十四 淀粉分解菌的分离与观察

一 目的要求

加深学生对微生物在物质循环中作为主要分解者的理解。

二 原理

自然界蕴藏着极其丰富的元素贮备。原始地球上所含的主要元素有 O、Si、Mg、S、Na、Ca、Fe、Al、P、H、C、Cl、F 和 N 等，大自然对于生命世界来说，可比喻为一个庞大无比的"元素银行"。随着地球上生命的不断繁荣发展，"元素银行"中为构建生物体所需的 20 多种常用元素就会逐步被"借用"直至"借空"，使它无法继续运转，生物界也将不再有任何生机，届时将出现美国著名科普学家 R. 卡逊名著《寂静的春天》中所描述的可怕情景。因此，自然法则要求任何生物个体在其短暂的一生中，只能充当一个向"元素银行"暂借所需元素的临时"客户"，而绝不允许它永久霸占。在大自然这一铁的法则中，微生物实际上扮演了一个不可或缺的"逼债者"（即分解者和还原者）的作用。任何地方，一旦阻碍了微生物的生命活动，那里就会失去生态平衡，就会出现"寂静的春天"。

本实验从土壤中快速分离筛选淀粉酶产生菌，通过淀粉酶产生菌对淀粉的水解现象，加深学生对微生物作为分解者和还原者参与物质循环作用的认识。

本实验的原理是利用淀粉遇碘呈蓝紫色，当淀粉被微生物代谢的淀粉酶水解，则失去该特性，因此可以通过采用碘液快速指示淀粉分解菌。

三 材料和用品

1. 材料：土壤。
2. 试剂。
（1）培养基。

采用淀粉固体培养基分离培养，称取牛肉膏 5g、蛋白胨 10g、NaCl 5g、可溶性淀粉 2g 溶于 900mL 蒸馏水中，将 pH 调至 7.0~7.2，再加入 15g 琼脂粉并加热搅拌至充分溶解，最后加蒸馏水补足至 1 000mL，高压蒸汽灭菌。倒入平板

备用。

（2）碘液。

称取碘（I_2）5g，碘化钾（KI）10g，用少量水使碘完全溶解，然后定容到 1 000mL，储存于棕色瓶中。

3. 器材：天平、恒温培养箱、试管、三角瓶、玻璃珠、移液管（10mL，1 支；1mL，12 支）等。

四 步骤

1. 平板涂布。

称取土样5g，倒入盛有45mL无菌水带玻璃珠的三角瓶中，振荡 10~30min 制成土壤悬液，记为 10^{-1}，用无菌移液管吸取 10^{-1}的土壤悬液 0.5mL，放入 4.5mL无菌水中，混匀即为 10^{-2}稀释液，照此分别制成 10^{-7}~10^{-3}的稀释液。分别取 10^{-5}、10^{-6}和10^{-7}土壤稀释液各 0.1mL，涂布于平板培养基表面，一个稀释度涂布 1 块平板，37℃下恒温培养 16~24h。

2. 淀粉分解菌的检测。

待长出菌落后，在平板上滴加碘液，观察菌落周围的淀粉水解圈。

五 问题与讨论

1. 假如没有微生物的分解作用，自然界将是怎样的状况？
2. 你还能举出一些微生物对物质分解方面的例子吗？

实验十五 >> 抗生素对微生物生长的影响

一 >> 目的要求

了解抗生素对微生物生长的影响。

二 >> 原理

抗生素是一类由微生物或其他生物生命活动过程中合成的次生代谢产物或其人工衍生物，它们在很低浓度时就能抑制或干扰他种生物（包括病原菌、病毒、癌细胞等）的生命活动，因而可作为优良的化学治疗剂。

氯霉素是应用于临床的抗生素之一，它可以通过抑制蛋白质的合成，从而抑制或杀死微生物，最终达到治疗疾病的目的。

本实验通过琼脂扩散法展现氯霉素对大肠杆菌的抑制作用，加深学生对病原微生物防控的认识。

三 >> 材料和用品

1. 菌种：大肠杆菌。

2. 培养基。

牛肉膏蛋白胨液体培养基：

牛肉膏 3.0g   蛋白胨 10.0g   NaCl 5.0g

水 1 000mL   pH 7.0～7.2

牛肉膏蛋白胨琼脂培养基：

牛肉膏 3.0g   蛋白胨 10.0g   NaCl 5.0g

琼 脂 15.0 g   水 1 000mL pH 7.0～7.2

3. 溶液和试剂：氯霉素（200μg/mL，溶于乙醇）、无菌水。

4. 仪器或其他用具：恒温培养箱、无菌镊子、无菌圆滤纸片（直径为5mm）、无菌培养皿（直径为9cm或12cm）、记号笔、无菌吸管（1mL）、酒精灯、无菌三角涂布棒等。

注意：滤纸灭菌干燥后，容易变皱，可在灭菌和干燥过程中采用载玻片等物体平压。

四 步骤

1. 供试菌的培养与制备。

将大肠杆菌（代表革兰阴性菌）接种在牛肉膏蛋白胨琼脂斜面上，置于 37℃下培养 18～24h，取出后用 5mL 无菌水洗，制成菌悬液备用。或将大肠杆菌接种在牛肉膏蛋白胨液体培养基中，置于 37℃下培养 18～24h，作为菌悬液备用。

2. 指示菌平板的制备。

方法一：吸取大肠杆菌菌悬液 0.1mL 分别加在不同的牛肉膏蛋白胨琼脂平板上，用无菌涂布器涂布均匀，待平板表面液体渗干后备用。

方法二：吸取大肠杆菌菌悬液 1mL 分别加入不同的无菌培养皿中，及时将 15～20mL 冷却至 50℃的牛肉膏蛋白胨琼脂培养基（可放置于 50℃±1℃ 恒温水浴箱中保温）倾注入平皿，并转动平皿使其混合均匀，静置冷却，待琼脂凝固后备用。

3. 抗生素对大肠杆菌的抑制作用。

用无菌镊子取圆滤纸片，浸入待测抗生素溶液中，取出，并在瓶内壁除去多余的药液，以无菌操作将纸片对号平贴于指示菌平板的相应区域，如图 15-1 的黑斑处。注意相互间的间隔距离，以免抑菌圈交错，干扰实验效果。以无菌水作对照，置于 37℃下培养 18～24h。

注意：指示菌液涂布于平板后，待菌液稍干再加入滤纸片。

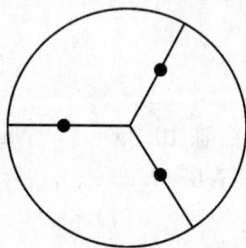

图 15-1 滤纸片摆放示意图

五 结果与分析

观察各滤纸片周围是否有抑菌圈产生。

六 问题与讨论

你还了解哪些用于治病的抗生素？

实验十六 甜酒药中根霉菌的分离与菌落形态观察

一 目的要求

1. 了解传统酒药的微生物组成。
2. 了解霉菌的菌落形态。
3. 认识根霉的生长情况。

二 教学内容

中国是世界最早的文明发达国家之一，我国劳动人民在长期的实践中，对微生物的认识和应用有着悠久的历史，积累了丰富的经验。例如，我国利用微生物发酵谷物酿酒的历史，至少可以追溯到距今四千多年前的龙山文化时期。从我国龙山文化遗址出土的陶器中有不少饮酒的用具。公元前两千多年的夏禹时代，有仪狄做酒的记载。殷代甲骨文中有多种"酒"的象形字。公元前 14 世纪《书经》有"若作酒醴，尔惟曲蘖"，其意即要酿好酒必须用酒曲。

甜糯米酒，也称为醪糟、酒酿、米酒等，以糯米（或大米）经甜酒药发酵制成，是我国民间广泛食用的一种高糖、低酒精含量的发酵食品。甜糯米酒是将糯米经过蒸煮糊化，利用酒药中的根霉将原料中糊化后的淀粉糖化，将蛋白质水解成氨基酸，然后酒药中的酵母菌利用糖化产物生长繁殖，并将糖转化成酒精，从而赋予甜酒酿特有的香气、风味和丰富的营养。

本实验旨在从甜酒药中分离根霉菌，通过对根霉的生长情况、菌落形态观察及气生菌丝和孢子囊的观察，让学生了解酒曲的微生物组成，并加深学生对霉菌的认识。本实验可根据教学需要选择验证性实验或演示性实验，演示性实验可不拘泥于严格无菌操作和烦琐的步骤。

三 材料和用品

1. 实验材料：无菌水、酒曲、马铃薯琼脂（PDA）培养基等。
2. 马铃薯琼脂（PDA）培养基：
配方：马铃薯 300g，葡萄糖 20g，水 1 000mL，琼脂 15g，pH 自然（7.0）。
制备方法：将马铃薯 300g 去皮切块，加 1 000mL 蒸馏水，煮沸 20min。用纱

布过滤，补加蒸馏水至 1 000mL，然后加入 20g 葡萄糖和 15g 琼脂，加热至琼脂完全溶解。分装于 100mL/250mL 三角瓶，121℃灭菌 20min。冷却至 50℃左右，无菌操作倒入平板。

3. 无菌水制备：分装蒸馏水 99mL/250mL 三角瓶，4.5mL 的试管，然后塞上棉塞，包扎后 121℃灭菌 20min。

4. 实验器材：研钵、培养皿、刻度吸管、试管、试管架、涂布棒、高压灭菌锅、酒精灯、恒温培养箱（作为培养根霉用，如受条件限制，气温在 25℃~35℃，可不需要，采用放置室内培养）等。

四 步骤

（一）验证性实验

1. 根霉分离。

取少许甜酒药放入无菌研钵中，研磨成细粉。取约 1g 酒药粉，加入 99mL/250mL 三角瓶的无菌水中，充分振荡混匀后即为 10^{-2} 稀释液，用无菌刻度吸管吸取 0.5mL，加入盛有 4.5mL 无菌水的试管中，充分振荡，即为 10^{-3} 稀释液。再依次吸取稀释液 0.5mL 到 4.5mL 无菌水的试管中，作 10 倍梯度稀释。分别吸取 10^{-3}、10^{-4}、10^{-5} 稀释液 0.1mL 注入 PDA 培养基平板上，用无菌涂棒均匀涂布，于 26℃~28℃恒温培养 2~4d。

2. 观察。

观察平板表面有无菌丝生长，菌丝颜色，是否有黑色的孢子囊形成，菌落的形态。并可闻平板是否有酒味形成。

（二）演示性实验

取少许甜酒药放入无菌研钵中，研磨成细粉。取少许酒药粉撒于平板表面。于自然室温（25℃~35℃）放置培养 2~4d。然后观察平板表面有无菌丝生长，菌丝颜色，是否有黑色的孢子囊形成，菌落的形态，并可闻平板是否有酒味形成。

五 问题与讨论

1. 你日常生活中见过哪些物品上有霉菌生长？

2. 甜酒的发酵主要由哪些微生物作用？

3. 在本实验的平板上，除了根霉，是否还有其他微生物生长？它们的菌落形态与根霉有哪些区别？

实验十七 探究酵母菌的呼吸方式

一 目的要求

进行酵母菌细胞呼吸方式的探究。

二 原理

1. 酵母菌是一种单细胞真菌，在有氧和无氧的条件下都能生存，属于兼性厌氧菌，因此便于用来研究细胞呼吸的不同方式。

2. CO_2可使澄清石灰水变浑浊，也可使溴麝香草酚蓝水溶液由蓝变绿再变黄。根据石灰水浑浊程度或溴麝香草酚蓝水溶液变成黄色的时间长短，可以检测酵母菌培养液中 CO_2 的产生情况。

3. 橙色的重铬酸钾溶液，在酸性条件下与乙醇（酒精）发生化学反应，变成灰绿色。

三 教学内容

1. 有氧呼吸是指细胞在氧气的参与下，通过多种酶的催化作用，把葡萄糖等有机物彻底氧化分解，产生二氧化碳和水，释放能量，生成许多 ATP 的过程。

2. 无氧呼吸是指细胞在无氧或缺氧条件下，通过酶的催化作用，把葡萄糖等有机物不彻底氧化分解成为酒精和 CO_2 或乳酸等，同时释放出少量能量的过程。

3. 有氧呼吸和无氧呼吸的区别：

呼吸类型		有氧呼吸	无氧呼吸
区别	场所	细胞质基质、线粒体	细胞质基质
	条件	需要相应的酶和氧气	细胞质基质
	物质变化	葡萄糖彻底分解产生水和二氧化碳	葡萄糖不彻底分解，产生乳酸、酒精和二氧化碳
	能量变化	释放大量能量	释放少量能量
	反应式	$C_6H_{12}O_6 + 6O_2 + 6H_2O \xrightarrow{酶} 6CO_2 + 12H_2O + 能量$	$C_6H_{12}O_6 \xrightarrow{酶} 2C_2H_5OH + 2CO_2 + 能量$ $C_6H_{12}O_6 \xrightarrow{酶} 2C_3H_6O_3 + 能量$

四 材料和用品

1. 实验材料：酵母菌培养液、质量分数为5%的葡萄糖溶液。

2. 用具：玻璃棒、玻璃管、试管、研钵、烧杯、量筒、锥形瓶、胶塞、滴管。

3. 试剂：质量分数为10%的 NaOH 溶液、澄清的石灰水、蒸馏水、浓硫酸、0.1g 重铬酸钾的浓硫酸溶液。

五 步骤

1. 制备酵母液：取两份新鲜酵母，每份10g，分别放入两个编好号的锥形瓶中，再向瓶中分别加入200mL 质量分数为5%的葡萄糖溶液，制成酵母发酵液，简称酵母液。

2. 实验装置。

装置①：

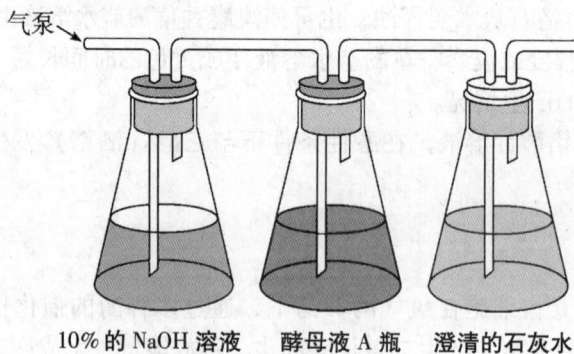

10%的 NaOH 溶液　　　酵母液 A 瓶　　　澄清的石灰水

装置②：

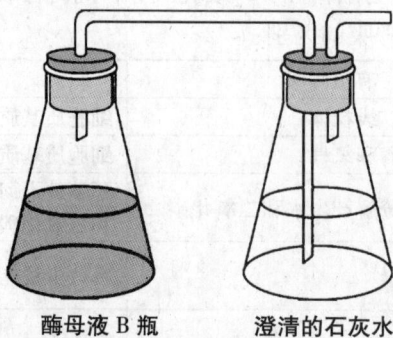

酶母液 B 瓶　　　　　澄清的石灰水

3. 检测。

（1）使用澄清石灰水检测 CO_2 的生成：比较单位时间内两种装置中石灰水浑浊的程度。

（2）检测酒精的生成：取 3 支试管，分别编号为 1、2、3。向 1、2、3 号试管中各加入 0.1g 重铬酸钾，再分别向 3 支试管中小心地加入 0.5mL 浓硫酸，振荡，待溶液冷却后备用；将装置①和装置②中的酵母液取出，分别过滤，将滤液盛在 3 支干净的试管中；各取出 2mL 滤液，分别加入 1、2 号试管中，3 号试管加蒸馏水对照，振荡试管；观察试管内颜色变化。

六 结果与分析

1. 两种装置中石灰水都变浑浊，但装置①中浑浊程度高且速度快，2 号试管中溶液由橙色变成灰绿色，1 号、3 号试管不变色。

2. 酵母菌在有氧和无氧条件下都能进行细胞呼吸。在有氧条件下，酵母菌通过细胞呼吸产生大量的 CO_2 和水；在无氧条件下，酵母菌通过细胞呼吸产生酒精，还产生少量的 CO_2。

七 问题与讨论

1. 怎样控制有氧和无氧的条件？

答案：将装置①连通橡皮球，让空气间断而持续地依次通过 3 个锥形瓶，保证 O_2 的充分供应，B 瓶应封口放置一段时间，待酵母菌将 B 瓶中的 O_2 消耗完，再连通盛有澄清石灰水的锥形瓶。

2. 怎样鉴定有无 CO_2 产生？如何比较 CO_2 产生的多少？

答案：进入 A 瓶的空气先经过 NaOH 的锥形瓶，洗除空气中的 CO_2，保证第二个锥形瓶中的澄清石灰水变浑浊是由酵母菌有氧呼吸产生的 CO_2 所致。B 瓶应封口放置一段时间，待酵母菌将 B 瓶中的 O_2 消耗完，再连通盛有澄清石灰水的锥形瓶，确保是无氧呼吸产生的 CO_2 通入澄清的石灰水。根据石灰水的浑浊程度来比较 CO_2 产生的多少。

八 创意自评

从用具上看，主要是锥形瓶、橡胶塞和玻璃管。实验中选用锥形瓶，是因为它满足两个条件：可以装溶液、开口能接带玻璃管的橡胶塞。理解了它的用途，则只要能满足其需要的仪器，如圆底烧瓶、试管等都可选用于该实验。而且若选用试管来做实验，NaOH、葡萄糖、酵母等的用量可节省很多，这就降低了实验成本。

从操作的便利性来看，装置中的锥形瓶之间为硬连接，这种连接不易调整各锥形瓶之间的平衡，易弄断导管，甚至打翻锥形瓶。为解决这一问题，可以将两个锥形瓶之间的玻璃管切断，再用一个乳胶管将断口处连接起来，操作起来就方便多了。

本实验的另一个难点是实验所需时间较长。因本实验开设之时，一般都在秋冬时节，气温较低，酵母菌代谢缓慢，实验所需时间较长，所以不妨升温，提高酵母菌的代谢速率，加快实验进程。操作很简单，放进恒温箱即可，没有恒温箱的地方，可将连接好的装置直接放入温水中保温。

实验装置如下图所示：

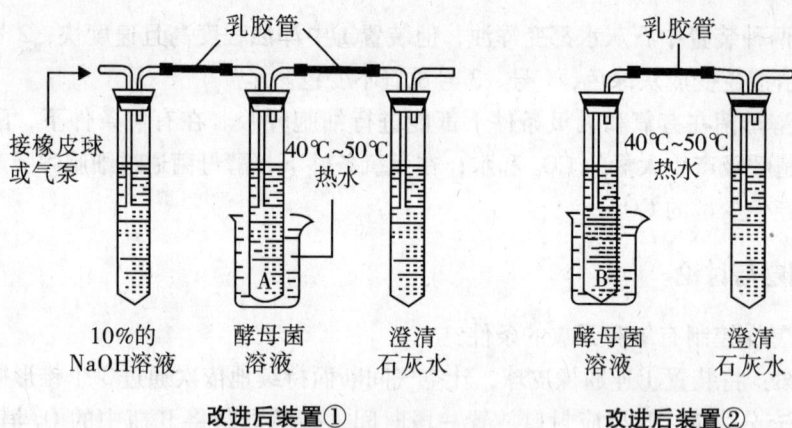

改进后装置①　　　　改进后装置②

实验十八 叶绿体色素的提取和分离

一 目的要求

1. 进行绿叶中色素的提取和分离。
2. 探究绿叶中含有哪几种色素。

二 原理

1. 叶绿体中的色素是有机物，不溶于水，易溶于丙酮等有机溶剂中，所以用丙酮、乙醇等能提取色素。

2. 层析液是一种脂溶性很强的有机溶剂。叶绿体不同的色素在层析液中的溶解度不同，分子量小的溶解度高，随层析液在滤纸上扩散得快；分子量大的溶解度低，随层析液在滤纸上扩散得慢，所以用层析法来分离四种色素。

三 教学内容

1. 叶绿体中的色素有叶绿素 a、叶绿素 b、胡萝卜素、叶黄素。
2. 色素与吸收光谱。
（1）叶绿体中的色素只吸收可见光，而对红外光和紫外光等不吸收。
（2）叶绿素对红光和蓝紫光的吸收量大，类胡萝卜素对蓝紫光的吸收量大，但对其他波段的光吸收量较小。

四 材料和用品

1. 实验材料：新鲜的绿叶（如菠菜的绿叶）。
2. 器具：干燥的定性滤纸、试管、烧杯、棉塞、试管架、研钵、玻璃漏斗、尼龙布、毛细吸管、剪刀、药勺、量筒、天平。
3. 试剂：无水乙醇、层析液、二氧化硅、碳酸钙。

五 步骤

1. 提取绿色叶片中的色素。
（1）取几片绿色的叶片，去掉叶柄和主脉，用天平称取 5g 叶片，剪碎，放

入研钵中。

(2) 向研钵中放入少许二氧化硅和碳酸钙，进行充分的研磨。用量筒量取 5mL 丙酮，倒入研钵中，迅速、充分研磨。

(3) 将研磨液迅速倒入小玻璃漏斗中进行过滤。将滤液收集到一个小试管中，及时用棉塞将试管口塞紧。

2. 制备滤纸条：取一块预先干燥处理过的定性滤纸，将滤纸剪成长 10cm、宽 1cm 的滤纸条，在距滤纸条一端 1cm 处用铅笔画一条细的横线。

3. 画滤液细线：用毛细吸管吸取少量滤液，沿铅笔线均匀地画出一条细而直的滤液细线。待滤液干后，再画 2～3 次。

4. 分离叶绿体中的色素：将 3mL 层析液倒入烧杯或试管中，将滤纸条（有滤液细线的一端朝下）略微斜靠着烧杯或试管的内壁，轻轻地插入层析液中，随后用培养皿盖盖上烧杯或用棉塞塞住试管口。注意，不能让滤纸上的滤液细线触到层析液。

5. 观察实验结果：看到四种色素的颜色后，取出滤纸条，观察滤纸条上的色素带颜色、位置、宽窄。

六》结果与分析

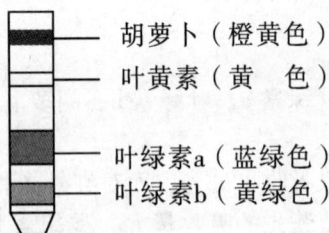

图 18-1　纸层析法分离色素

七》问题与讨论

1. 提取和分离叶绿体中色素的关键是什么？

答案：①叶片要新鲜、浓绿；②研磨要迅速、充分；③滤液收集后，要及时用棉塞将试管口塞紧，以免滤液挥发；④分离叶绿体色素的关键：滤液细线要细且直，而且要重复画几次；⑤层析液不能没及滤液线。

2. 为什么不能让滤纸上的滤液细线触到层析液？

答案：色素会溶解在层析液中，以致不能在滤纸上分离。

3. 为什么实验结束后一定要用肥皂将手洗净？

答案：本实验在色素的提取时要用到丙酮，进行色素分离时要用层析液，而丙酮和层析液具有很强的挥发性，学生在实验过程中难免会吸入一定量的挥发性物质，对身体健康不利。所以本实验应在通风的条件下进行，实验结束后一定要用肥皂将手洗净。

4. 叶绿体中的色素扩散速度最快的是哪一种？

答案：胡萝卜素的扩散速度最快，其次是叶黄素、叶绿素 a，最慢的是叶绿素 b。

八 创意自评

许多中学老师反映实验效果不是很理想，主要存在的问题有：①采用毛细吸管取滤液，画线很难达到"细、齐"的要求；②制备滤纸时剪去两角，不容易把握；③层析液容易没及滤液细线；④层析后容易出现色素带分离不够充分，或色素带分离过度而造成胡萝卜素在滤纸条上消失的现象；⑤用菠菜作为实验材料，易受季节性限制。此外，色素提取液呈黄绿色，色素带颜色浅，实验效果差。为此，我们对实验作了以下改进。

1. 装置的改良。

针对层析时，滤纸条容易掉到烧杯中，色素带受阳光照射易分解的情况，作如下改良：

（1）取 1 个大头针，将它的一端折成钩状，另一端插入试管塞，再将 1 个回形针挂在钩上，用回形针夹制备好的滤纸条，将试管塞塞住试管口，调节回形针高度可使层析液不没及滤液细线。

（2）将上述装置放在黑暗处，同样可以起到防止色素带在光下分解的作用。

2. 方法的改进。

（1）提取色素——获取高浓度的色素提取液是该实验成功的一个关键环节：一般我们要求色素提取液呈墨绿色。为了得到墨绿色的色素提取液，方法如下：

称取 2g 质地柔软、深绿色的草本植物的叶片，去掉粗的叶脉和叶柄；分多次加入研钵，当碎叶片被磨成叶泥以后，再继续加入少许碎叶片接着磨，直到把所有的碎叶片全部研磨好。研磨时可向研钵中加入少量二氧化硅和碳酸钙，待研磨充分后，再加入少量氯化钠（氯化钠是强电解质，能破坏色素中的胶体物质，有利于色素的释放）和 6mL 色素提取液，就出现了深绿色的液体，采用 4 层纱布包着研磨物并挤出滤液，即得到墨绿色的色素提取液。

（2）画滤液细线：课本上采用毛细吸管画线，效果不是很理想。为此，可尝试以下方法：

①用较薄且干净的盖玻片或塑料胶片，蘸取色素提取液印在滤纸条上的方法，色素液晾干后再重复几次，印出的色素液线（最佳宽度为 1～2mm）又细又齐又匀，比用毛细吸管省时省力，且层析分离后的效果很好。

②点样法：用细毛笔、蘸水笔或注射器吸取少量色素提取液点到滤纸条上或圆形滤纸中央，点色素斑比画滤液细线容易得多，且实验效果非常显著。

（3）分离色素。

方法一：取平面培养皿 1 只，将一圆形定性滤纸盖在培养皿中，在圆形滤纸中央滴上 2～3 滴色素提取液，静置约 1min，然后依次滴 3～5 滴层析液，每滴中间间隔 30s 左右，然后盖上培养皿盖，几分钟后，观察结果会得到近似同心圆的 4 个色素环，由内而外分别是黄绿色、蓝绿色、黄色和橙黄色，实验效果非常明显。此实验方法关键有两点需注意：一是几次滴液体要在同一点上，否则不能形成圆环；二是要掌握好滴层析液的量和时间，否则会影响效果，甚至导致失败。

方法二：灯芯法。

层析液由 20 份 93 号汽油、2 份石油醚、2 份丙酮和 1 份苯混合而成。分离时用方形或圆形滤纸片代替条形滤纸条，用粗棉线作灯芯。

具体操作方法：

①剪取长 3～4cm 的粗棉线，并浸泡于色素滤液中，然后取出吹干；

②用针（或牙签）在滤纸片的中心穿一小孔（孔径小于棉线），将干燥后的粗棉线从孔中穿出；

③取一套培养皿（其大小根据滤纸片而定），在培养皿底部加 3～5mL 层析液，将粗棉线的一端接触到层析液，让滤纸片扣在培养皿上，再盖上培养皿盖，即可观察层析现象。

用灯芯法分离色素，一方面减少了画滤液线等操作，降低了难度；另一方面，用改进后的层析液分离色素，得到的色素环色差明显，增强了实验效果，提高了学生的兴趣，调动了学生的学习积极性。

3. 层析液的改进。

将酒精与汽油按比例混合后作层析液，在混合物中酒精或者汽油的体积分数不能过大，否则分离效果不佳；当酒精与汽油按 2:3 配制时，扩散速度适中，4 种色素分离明显，可以清晰地看到橙黄色、黄色、蓝绿色、黄绿色由大到小的 4 个同心圆。

此外，我们还可以对本实验作如下改进：

1. 提取绿色叶片中的色素是本实验成功的前提条件，通常用 5g 菠菜叶片、

5mL 丙酮，最后只能得到几滴淡黄绿色的滤液，实验即告失败。多次实验证明：菠菜叶片（其他绿色叶片未试验）用量减少50%，即只用2.5g，丙酮用量不变，仍用5mL，就能得到颜色深绿的透明滤液。

2. 加入丙酮前开始研磨。

在研钵中放入剪碎的绿色叶片，加入少许二氧化硅和碳酸钙后，就开始研磨，直至全部叶片研磨成匀浆后才加丙酮，然后用力快速研磨80转（约20s）。加丙酮调整研磨，无论叶片是否剪碎都能研磨充分。由于加入丙酮后研磨时间缩短，丙酮挥发量不多，故研磨时不必使用纸盖，研磨方便，有利于观察。

3. 滤纸用酒精灯隔着石棉网烘干。

烘烤时，视酒精灯火焰大小，滤纸距石棉网2～5cm为宜。（沿滤纸条纹走向平行剪取滤纸条，层析液扩展速度较快，滤纸不够干燥时可选用。沿滤纸条纹走向垂直剪取滤纸条，色素分离后形成的色素带起伏较小，滤液细线中色素沉积量少时可选用。）

4. 画滤液细线的改进。

课本上采用毛细吸管画线，较难操作，效果也不是很理想，在层析时也容易使滤纸条上的滤液细线接触层析液等。笔者尝试以下的方法并取得了较好的实验效果，即用一块载玻片蘸取色素提取液印在滤纸条的画线上，待色素液晾干后再重复几次，印出的色素液线又细又齐又匀，比用毛细吸管省时省力，且层析效果也更好。

上述实验的改进与优化，新增了少量器具，但实验室都能提供，农村中学容易进行本实验。反复实验证明，其实用性、可操作性强，能显著改善实验效果，提高实验的成功率。

实验十九 细胞大小与物质运输的关系

一 目的要求

通过探究细胞大小，即细胞的表面积和体积，与物质运输效率之间的关系，探讨细胞不能无限长大的原因。

二 原理

在相同时间内，物质扩散过程中，细胞的体积与细胞的总体积之比可以反映细胞物质运输的速率。用琼脂模拟细胞，琼脂块越小，碘扩散的体积与整个琼脂块的体积之比越大，其相对表面积越大，则其与外界交换的表面积越大，物质交换速度就越快。琼脂块中含有淀粉，与碘液相遇，呈蓝紫色，可显示物质碘在琼脂块中的扩散速率。

三 教学内容

探讨细胞不能无限长大的原因：

1. 细胞相对表面积与体积的关系，细胞体积越小，其相对表面积（表面积/体积）越大，细胞与周围环境交换物质能力越大。

2. 细胞核与细胞质之间有一定的关系，一个核内所含的 DNA 是一定的，控制细胞活动也就有一定的限度，使细胞不可能太大。

3. 细胞内物质的交流受到细胞体积的制约，细胞体积过大，会影响物质流动速度，细胞内的生命活动就不能灵敏地控制与缓冲。

四 材料和用品

1. 实验材料：琼脂、淀粉、碘液、水。

2. 用具：塑料餐刀、毫米尺、吸水纸、镊子、烧杯、玻璃棒、培养皿、电炉。

五 步骤

1. 琼脂块的制备：烧杯中倒入 50mL 水，称取 4g 淀粉加入，用玻璃棒搅拌成糊状，再倒入 150mL 水，放在电炉上边搅拌边加热，煮沸后加入 10g 琼脂，一边搅拌一边加热，待琼脂完全溶解，再加入水至 1 000mL 并搅拌均匀，将热琼脂倒入容器中，待琼脂冷却后备用。

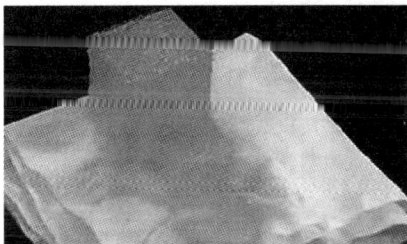

2. 用塑料餐刀将含淀粉的琼脂块切成三块边长分别为 3cm、2cm、1cm 的正方体。

3. 将三块琼脂块放入盛碘液的烧杯中，完全浸泡在其中 5min，不时用塑料勺翻动琼脂块。

4. 用塑料勺将琼脂块从碘液中取出，用吸水纸将其吸干，然后在培养皿上用镊子和塑料刀把琼脂块切开，建议操作时可切两刀将其切为平行的三块，取中间一块来观察测量，结果更为清楚。

5. 观察切面，用毫米尺测量每一琼脂块上碘扩散的深度，每一块琼脂至少测三个面的深度，以取其平均值，记录结果并计算。

六 结果与分析

琼脂块边长（cm）	表面积（cm²）	体积（cm³）	比值（表面积/体积）	扩散的深度（cm）	碘扩散的体积（cm³）	比值（碘扩散的体积/整个琼脂的体积）
3						
2						
1						

提示：计算碘扩散体积公式：碘扩散的体积＝琼脂块体积－（琼脂块边长－测量的碘的扩散深度）³。如果是学生实验，碘扩散深度应取三个相同边长测量值的平均值进行计算。

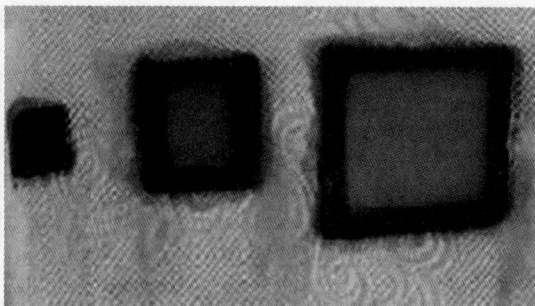

实验结果：琼脂块的表面积与体积之比随着琼脂块的增大而减小；碘扩散的体积与整个琼脂块的体积之比随着琼脂块的增大而减小。

结论：细胞体积越小，相对表面积越大，物质运输的效率越高。这是细胞不能无限长大的一个原因。

七 问题与讨论

1. 有什么证据说明碘扩散进入琼脂块了？

答案：当碘与含淀粉的琼脂块相遇时，其中的淀粉变成蓝色，这是常用的检测方法，从琼脂块的颜色变化可知道碘扩散了多远。

2. 课本上提到的用 NaOH 遇酚酞呈紫红色的方法有什么缺点？

答案：NaOH 有腐蚀性，用量较大，在操作时较危险。本设计用碘液和淀粉分别代替 NaOH 和酚酞，材料很容易获得，且操作安全，实验效果明显。

3. 有什么证据说明 NaOH 扩散进琼脂块了？ NaOH 在每一琼脂块内的扩散速率是否相同？为什么？

答案：当 NaOH 与含酚酞的琼脂块相遇时，其中的酚酞变成紫红色，这是常用的检测 NaOH 的方法，从琼脂块的颜色变化就可知道 NaOH 扩散到多远；在相同时间内，NaOH 在每一琼脂块内扩散的深度基本相同，说明 NaOH 在每一琼脂块内扩散的速率是相同的。

4. 既然细胞越小，细胞表面积相对就越大，细胞的物质运输效率就越高，那么细胞体积是不是越小越好呢？

答案：不是。所有的东西都有一个度，合适才是最好的。体积小，表面积与体积的比大，有利于细胞与外界的物质交换，核质比大，有利于细胞核对细胞的控制，在这个意义上，体积小更有利于细胞生存，但是最起码的是要有足够的体积来保证细胞内的基本活动。

八　创意目评

课本上选用 NaOH 为材料来浸泡含酚酞的琼脂，NaOH 有腐蚀性，用量较大，在操作时较危险。本设计用碘液和淀粉分别代替 NaOH 和酚酞，材料很容易获得，且操作安全，实验效果明显。淀粉遇碘变蓝的显色反应还能使学生很容易想到斐林试剂与还原糖反应显现砖红色；脂肪可以被苏丹Ⅲ染成橘黄色；蛋白质与双缩脲试剂发生作用产生紫色反应。可从具体操作的可行性上鼓励学生进行分析和尝试，增强学生运用知识解决问题的能力。

由于碘液颜色较深，在搅拌时容易破坏琼脂块，可将碘液浓度稀释，效果一样清晰，但不要稀释超过 3 倍，否则效果较差。

实验二十 DNA 的粗提取与鉴定

一 目的要求

1. 初步掌握 DNA 粗提取和鉴定的方法。
2. 观察提取出来的 DNA 物质。

二 原理

1. DNA 在 NaCl 溶液中的溶解度是随 NaCl 的浓度变化而改变的。DNA 在 0.14 mol/L 的 NaCl 溶液中的溶解度最低，据此可使溶解于 NaCl 溶液中的 DNA 析出。

2. DNA 不溶于酒精溶液，但细胞中某些物质可以溶于酒精溶液，据此可提取杂质较少的 DNA。

3. DNA + 二苯胺 $\xrightarrow{\text{沸水浴}}$ 蓝色（可用于 DNA 的鉴定）。

三 教学内容

1. DNA 在不同浓度的 NaCl 溶液中的溶解度，如下：

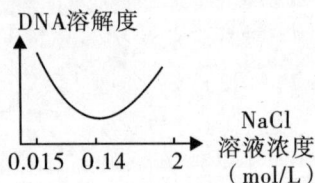

2. 酶的专一性：蛋白酶能去除蛋白质，而 DNA 不被水解。
3. 蛋白质的热变性：蛋白质在一定温度下变性失活，但 DNA 对温度的耐受性强，能耐受更高的温度。

四 材料和用品

鸡血细胞液、烧杯、蒸馏水、玻璃棒、漏斗、2mol/L 和 0.015mol/L 的 NaCl

溶液、含有刻度的塑料试管、擦镜纸、酒精溶液、二苯胺试剂。

五〉步骤

1. 提取鸡血细胞的细胞核物质。

将制备好的鸡血细胞液 2mL，注入 50mL 烧杯中。向烧杯中加入蒸馏水 30mL（15 倍），用玻璃棒沿同一个方向快速搅拌 5min，使血细胞加速破裂。然后，用放有纱布的漏斗将血细胞液过滤到 1 000mL 烧杯中，取其滤液。

2. 溶解细胞核内的 DNA。

将物质的量的浓度为 2mol/L 的 NaCl 溶液 50mL 加入滤液中，并轻轻摇动烧杯 10min，使其混合均匀，这时 DNA 在溶液中呈溶解状态。

3. 析出含 DNA 的黏稠物。

沿烧杯内壁缓慢加入蒸馏水（不用玻璃棒搅拌），这时烧杯中有丝状物出现，继续加入蒸馏水，黏稠物会越来越多，当黏稠物不再增加时停止加入蒸馏水。用玻璃棒缓缓搅动黏稠物，随着搅动，黏稠物即附着在玻璃棒上。

4. 将 DNA 的黏稠物再溶解。

取一个 50mL 烧杯，向烧杯内注入物质的量的浓度为 2mol/L 的 NaCl 溶液 10mL，将附着有黏稠物的玻璃棒插入 NaCl 溶液中，玻璃棒不停地沿同方向搅拌，使黏稠物尽可能多地溶解在溶液中。

5. 过滤含 DNA 的 NaCl 溶液。

取一个 40mL 的塑料刻度试管，用放有单层擦镜纸的漏斗过滤步骤 4 中的溶液，取其滤液，DNA 即溶解在滤液中。

6. 提取含杂质较少的 DNA。

在上述滤过的溶液中，加入冷却的、体积为滤液 2 倍的 95% 的酒精，用大拇指封住试管口，颠倒试管 2～3 次，静置试管，此时可见白色丝状物浮于酒精中。

7. DNA 的鉴定。

取 2 支 20mL 的试管，分别编为 1 号、2 号，各加入物质的量的浓度为 0.015mol/L 的 NaCl 溶液 3mL，将丝状物用玻璃棒挑起溶于 2 号试管中（用玻璃棒搅拌，使其充分溶解），然后向 2 支试管中各加入 3mL 二苯胺试剂，混合均匀后，沸水浴 5～10min，冷却后 2 号试管溶液变蓝。

六〉结果与分析

实验结果：加入 3mL 二苯胺试剂后，1 号试管溶液不变色，2 号试管溶液变蓝。

结论：2 号试管中提取出 DNA。

七 问题与讨论

1. 实验中两次加入蒸馏水，目的分别是什么？

答案：第一次加蒸馏水是为了使血细胞吸水膨胀破裂（注：植物细胞是用洗涤剂溶解细胞膜），使血细胞充分破裂。第二次加蒸馏水是为了稀释氯化钠溶液，析出 DNA。

2. 实验的材料能否用哺乳动物的血液代替？为什么？

答案：不能。哺乳动物的成熟红细胞无细胞核，无 DNA。

八 创意自评

根据教材中的实验操作方法，很难得出满意的实验结果，原因是：①提取鸡血细胞的细胞核物质时，加入的鸡血细胞液与蒸馏水的体积比过小，导致红细胞破裂较少，不能获得足够的 DNA；②溶解细胞核内的 DNA 和析出含 DNA 的黏稠物及提取含杂质较少的 DNA 时，用玻璃棒搅拌易使 DNA 分子断裂，不易提取；③鉴定时如果提取的 DNA 浓度较低，则加二苯胺显色不明显。根据实验原理，我们对有关操作步骤作了改进，获得了满意的实验效果。

"DNA 的提取与鉴定"不需要特别的设备，甚至在厨房里都能做，只要有洗涤剂、食盐、酒精即可。洗涤剂可以溶解洋葱的细胞壁，食盐可保持溶液中的盐度与细胞液相当，酒精则可以萃取 DNA。具体实验步骤为：先将 10mL 加了盐的洗涤剂放入 100g 剁碎的洋葱中，捣碎后将洋葱过滤倒入烧杯，将澄清的溶液加入等量酒精后轻轻摇动，DNA 将会以白色的"毛絮状"出现。这种简单的方法更适合于中学生采用。

图 20-1　分层后的鸡血

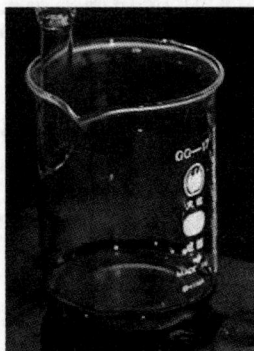

图 20-2　过滤后得到的滤液

实验二十一 呼吸商的测定

一 目的要求

呼吸作用所放出的 CO_2 和吸收的 O_2 之比即为呼吸商。用一根放有植物材料的滴定管倒插入水中，若呼吸作用吸收的 O_2 多于放出的 CO_2，则管内空气体积减小，水面上升。反之则水面下降。若吸收的 O_2 和放出的 CO_2 相等，则水面不变，再用碱液重做上述实验，可测定 O_2 被利用的体积。

二 材料和用品

仪器：铁架台、酸式滴定管、50mL 量筒、长玻璃棒。
药品：20% 的 NaOH 溶液。
材料：萌发的水稻种子。

三 步骤

1. 准备 2 支 25mL 的酸式滴定管，往管内各装入大小一致的发芽种子 20 粒，用一根长玻璃棒将 20 粒种子推入管内刻度 14mL 以上处（注意：勿弄断幼芽，若幼芽已变成青绿色，应用黑色或锡纸遮光）。

2. 将①管倒插入 20% 的 NaOH 溶液的量筒中，②管倒插入水的量筒中。均固定在铁架台上。测定开始前，分别将管口端开关打开约 10min，使管内外空气大气压力平衡，液面保持一致。调整两支试管内液面，水平线约在 2mL 刻度处，把所有开关关紧。一小时后，记录各管液面的升降情况，上升记为"＋"，下降记为"－"。

四 结果与分析

①管读数（O_2）：　　②管读数（$O_2 - CO_2$）：

$$呼吸商 = \frac{①管读数 - ②管读数}{①管读数} （即 CO_2/O_2）$$

分析：（1）①管读数中 CO_2 被 NaOH 吸收，则呼吸作用所产生的 O_2 即为体积减小量，也即为水面的上升量，所以①管读数 = O_2 的量。

（2）②管读数中，若水面不动，则 O_2 与 CO_2 含量比为 $O_2 = CO_2$；若水面上升，即 $O_2 > CO_2$；若水面下降，即 $O_2 < CO_2$。

实验二十二 生物体外模拟体液免疫的过程

一 目的要求

利用日常生活中的物品，模拟体液免疫的过程。

二 原理

当人们在进行研究时，如果研究对象不允许或无条件进行实验，为了获得对研究对象的认识，可以通过模拟的方法制成研究对象的模型，然后进行演示。模拟实验直观、形象、生动，可使学生产生强烈的好奇心和新奇感，最大限度地丰富学生的感性认识，有利于生物学概念在学生大脑中的形成，并使学生对生物学的现象、规律有更为深刻的理解和记忆。

三 材料和用品

乒乓球若干、塑料盖子、小塑料球、橡皮泥、口香糖、白板、双面胶。

四 步骤

1. 抗原（口香糖模拟）进入体内，经吞噬细胞（剪开口的乒乓球模拟）的摄取和处理，暴露出它的抗原决定簇，并将其传递给 T 细胞，刺激 T 细胞产生淋巴因子（T 细胞、B 细胞分别由两个乒乓球模拟，淋巴因子用小塑料球模拟）。

2. 少数抗原直接刺激 B 细胞。B 细胞受到刺激后，开始一系列的增殖、分化，大部分分化为浆细胞，产生抗体，小部分形成记忆细胞（浆细胞和记忆细胞分别由塑料盖模拟）。

3. 抗体可以与病原体结合，从而抑制病原体的繁殖或对人体细胞的黏附。在多数情况下，抗原、抗体结合后会发生进一步的变化，如形成沉淀或细胞集团，进而被吞噬细胞吞噬消化。

五 结果与分析

本实验可以直观地模拟体液免疫，如图 22 – 1 所示：

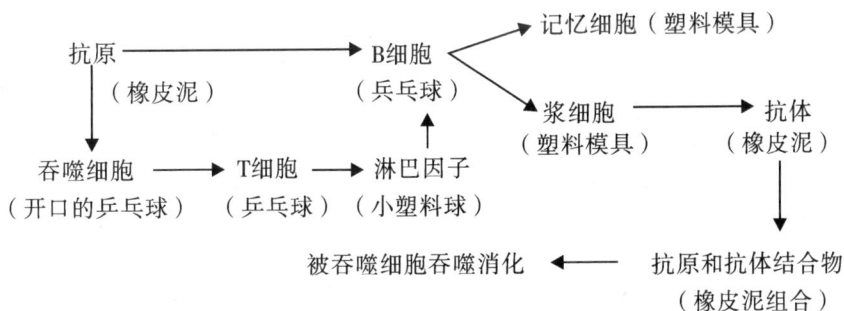

图 22 – 1　体液免疫过程示意图

六 问题与讨论

1. 体液免疫过程中有哪些细胞参与？它们分别起什么作用？

2. 如果病原体侵入机体细胞，而抗体不能进入宿主细胞，那么，消灭这些病原体需通过什么途径？你能否用类似的模拟实验尝试讲解细胞免疫过程？

七 创意自评

以往学生实验基本是作为一种实验技能来传授，学生实验的过程只是"观察者"、"验证者"，而不是"探究者"、"发现者"。久而久之，学生认为实验课没压力，无须预习，也缺乏兴趣，实验课上表现出较大的随意性和盲目性。学生主动参与的积极性受挫，其创新的能力受到抑制。高中《生物》新教材与旧教材相比，有一个显著的特点，就是大大地提高了对学生实验能力培养的要求，尤其是增加了模拟实验这一全新的学生实验。本实验的设计正是在教学中加强模拟实验教学及具体操作实例的直接体现，实验器材经济易得，适合于全国各地。实验形式生动活泼，寓生物学知识学习、探究于游戏之中，使难点知识更加形象。这样的实验，既体现了生物学知识的科学性，又符合学生的认知发展规律，是一种促进学生身心健康发展的好形式。另外，本实验既可以作为课堂演示，也可用于指导学生自己建立相关免疫过程的模型，大大地激发了学生学习生命科学的兴趣，提高了学生学习的积极性和主动性。